CLR ARCHITECTES

De aedibus

Der italienische Architekt und Architekturtheoretiker Aldo Rossi verglich die Architektur mit den Wissenschaften. Wie diese schreite die Architektur voran, indem sie stetig auf bereits Erreichtes aufbaue und sich so weiterentwickele. Diesem wissenschaftlichen Aspekt dient diese Buchreihe. Seit 2000 dokumentiert sie die aktuelle Schweizer Architektur. Die Reihe wird in ihrer Kontinuität gleichsam zu einem Gedächtnis der Architektur, das die Werke dem Vergessen entzieht. Von den mit hohem Qualitätsanspruch ausgewählten Architekturschaffenden werden die wichtigsten Bauten festgehalten, ausführlich dargestellt und dokumentiert. Jeder Band dient auch der Reflexion über den architektonischen Willen, der hinter den Projekten steht. So sind in dieser Reihe mehr oder minder alle in der Schweiz wirkenden Architekturkritikerinnen und Architekturkritiker mit einzelnen oder mehreren Textbeiträgen vertreten.

Der Hauptteil in jedem Band widmet sich dagegen der Welt der Anschauung. So sind jeweils anhand von Bildern und Plänen einige bemerkenswerte Bauten dargestellt, die nicht einer routinierten «Produktion» entsprungen sind. Vielmehr steht hinter jedem Entwurf eine leidenschaftliche Auseinandersetzung mit der Aufgabe und deren Prämissen.

Heinz Wirz
Verleger

De aedibus

The Italian architect and architectural theoretician Aldo Rossi compared architecture to the sciences. Like them, architecture progresses by constantly building upon what has already been achieved and develops further in this way. Since 2000, this series of books has been dedicated to the same academic approach in documenting contemporary Swiss architecture. It therefore becomes a form of architectural memory, ensuring that the architecture is not forgotten. The most important buildings by each of the selected high-quality architects are presented, described in detail and documented. Each volume also serves to reflect upon the architectural motivation behind the projects. By now, more or less every architectural critic working in Switzerland has contributed one or more articles to the series.

However, the core of each book is dedicated to the world of observation. Images and plans present a number of remarkable buildings that are not the result of routine "production". Instead, each design stems from a passionate engagement with the task and its premises.

Heinz Wirz
Publisher

110 De aedibus

CLR ARCHITECTES

QUART

ZWISCHENRAUM UND FREIES SPIEL

Rafael Gómez-Moriana

«Durch ihre Fähigkeit, einen Übergangsbereich zwischen Stadt und Siedlung zu bieten, werten [Zwischenräume] einen wertvollen vermittelnden Massstab auf, der die abrupte, rechtliche Trennung zwischen öffentlichem und privatem Raum abschwächt.»[1] (Patrick Longchamp, CLR architectes)

Architektur vermittelt immer. Sie schützt vor Klimaextremen und bewahrt vor Eindringlingen. Dabei ermöglicht und unterstützt sie alle Arten menschlicher Aktivitäten. Eine Vermittlung vollzieht sich zwischen innen und aussen, zwischen privat und öffentlich, entweder durch eine einzige Membrane oder durch einen «Zwischenraum», der überleitet und mehrere Membranen verwendet, die zudem durchlässig sind. Erstere findet abrupt statt, während letztere allmählich abläuft und Aktivitäten erlaubt, die nicht notwendig geplant oder programmiert sind.

In der Arbeit von CLR architectes stehen Übergangs- oder Zwischenräume im Vordergrund. Beispiele hierfür sind Säulengänge, *Loggien,* Höfe, Innenhöfe, Vorbauten, Arkaden, Galerien, Durchgänge, Hallen und Windfänge, um nur einige zu nennen. Typischerweise liegen sie zwischen inneren und äusseren sowie privaten und öffentlichen Bereichen und fungieren als Übergangszonen oder Filter zwischen sehr unterschiedlichen Umgebungen. Sie sind meist nicht programmiert und spielen eher eine städtebauliche als eine funktionale Rolle. In Städten leisten solche Räume unschätzbare Dienste, da sie Lärm und andere Beeinträchtigungen in einem dichten städtischen Umfeld abschwächen. Als überleitende Räume laden sie zum Verweilen ein und in besonderem Masse zu zufälligen Begegnungen und informeller Geselligkeit unter Nachbarn. Sie machen die eigentlichen urbanen und gemeinschaftlichen Räume aus.

Gerade wegen dieser Eigenschaften eignen sich Zwischenräume auch zur Aneignung und damit zum Spiel. Das Spiel ist ein wesentlicher Bestandteil aller Kunstformen. Johan Huizinga erklärt, dass spielen «eine Tätigkeit ist, die innerhalb bestimmter Grenzen von Zeit und Raum, in einer sichtbaren Ordnung, nach frei akzeptierten Regeln und ausserhalb der Sphäre der Notwendigkeit oder des materiellen Nutzens abläuft»[2] Das Spiel ist überflüssig und doch sinnvoll, argumentiert Huizinga: «Im Spiel ist etwas <im Spiel>, das über die unmittelbaren Bedürfnisse des Lebens hinausgeht und der Handlung einen Sinn verleiht. Jedes Spiel bedeutet etwas.»[3]

In der Architektur kann das Spiel als Element betrachtet werden, das die «Kunst» dieser Disziplin definiert und sie von der reinen Zweckmässigkeit oder Instrumentalität unterscheidet. Le Corbusier erachtete Architektur als «das gekonnte, strenge und grossartige *Spiel* der Volumen unter dem Licht». Die architektonische Komposition, die räumliche Organisation und die thematische Variation sind ein Spiel, bei dem bestimmte Regeln gelten. Oder auch nicht: «Das architektonische Spiel ist ein kompliziertes *Spiel* mit Regeln, die man brechen oder akzeptieren kann», so Bernard Tschumi (Hervorhebungen hinzugefügt).

CLR spielen das Spiel der Architektur nach ungeschriebenen, aber offensichtlichen eigenen Regeln. Erstens findet das Spiel meistens in unprogrammierten Räumen statt, die dennoch eine urbane Funktion erfüllen, ohne sich negativ auf performative Aspekte des Bauens wie Sicherheit, Nutzen oder Energieeffizienz auszuwirken. Zweitens nimmt das Spiel die Form von Variationen über ein Thema und

1 Patrick Longchamp, «Les Espaces de Transition», in: *12 essais pour mieux construire Genève.* Genf: FAS, 2021, S. 60. «Par leur capacité à offrir un seuil entre la ville et l'habitat, [les espaces de transition] valorisent une échelle intermédiaire précieuse, qui adoucit la fracture juridique abrupte entre l'espace public et l'espace privé.»

2 Johan Huizinga, *Homo Ludens: A Study of the Play-Element in Culture.* London: Taylor & Francis, 1949, S. 132.

3 Ebd., S. 1.

INTERMEDIARY SPACE AND FREE PLAY

Rafael Gómez-Moriana

"In their ability to offer a threshold between the city and the habitat, [transitory spaces] enhance a precious intermediate scale that softens the abrupt legal divide between public and private space."[1] (Patrick Longchamp, CLR Architectes)

Architecture always mediates. It shelters from extreme climates and protects from intrusion, while facilitating and affirming all sorts of human activity. Mediation occurs between inside and outside and between private and public, doing so either through a single membrane or through an "intermediary space" that is transitory and uses multiple membranes, which are moreover permeable. The former is abrupt while the latter is gradual, offering opportunities for human activity that is not necessarily scripted or programmed.

In the work of CLR Architectes, transitory or intermediary spaces figure prominently. Examples of these kinds of spaces are porticoes, loggias, courtyards, patios, porches, arcades, galleries, passageways, halls and vestibules, to name only some. They are typically situated between outside and inside, and between public and private, acting as thresholds or filters between very different environments. They are also usually unprogrammed, fulfilling more of an urban than a functional role. In cities, these kinds of spaces perform an invaluable service, as they buffer noise and other nuisances in environments of high urban density. As spaces of transition they invite lingering, not to mention the possibility of chance encounters and informal sociability between neighbours. They are the architectural spaces of urbanity and community *par excellence.*

Precisely because of these qualities, intermediary spaces also lend themselves to appropriation and hence to *play*. Play is an essential component of all art forms. Johan Huizinga explains that play is, "an activity which proceeds within certain limits of time and space, in a visible order, according to rules freely accepted, and outside the sphere of necessity or material utility."[2] Play is superfluous yet meaningful, argues Huizinga: "In play there is something 'at play' which transcends the immediate needs of life and imparts meaning to the action. All play means something."[3]

In architecture, play can be seen as the very element that defines the "art" of this discipline, distinguishing it from pure utility or instrumentality. Le Corbusier defined architecture as "the skilful, rigorous and magnificent *play* of volumes under the light." Architectural composition, spatial organization and thematic variation are a game that is played, replete with certain rules to follow. Or not: "The game of architecture is an intricate *play* with rules that you may break or accept," according to Bernard Tschumi (emphases added).

CLR plays the game of architecture according to unwritten, but evident rules of their own. Firstly, play takes place mostly in unprogrammed spaces that nevertheless serve an urban function, without affecting performative aspects of building, such as safety, utility, or energy efficiency. Secondly, play takes the form of variations on a theme and of repetition with differences, not unlike the way music is structured and played. Finally, architectural play is intended, in turn, to

1 Patrick Longchamp, "Les Espaces de Transition". In: *12 essais pour mieux construire Genèvel*. Geneva: FAS, 2021, p. 60. "Par leur capacité à offrir un seuil entre la ville et l'habitat, [les espaces de transition] valorisent une échelle intermédiaire précieuse, qui adoucit la fracture juridique abrupte entre l'espace public et l'espace privé." Author's translation.

2 Johan Huizinga, *Homo Ludens: A Study of the Play-Element in Culture*. London, 1949, p. 132.

3 Ibid., p. 1.

von verschiedenen Wiederholungen an, so wie Musik strukturiert und gespielt wird. Zu guter Letzt soll das architektonische Spiel wiederum das freie Spiel der Gebäudenutzerinnen und -nutzer fördern. Das Angebot, spielen zu können, gerät für CLR zu einer öffentlichen Dienstleistung der Architektur.

Eine kleine Hauserweiterung von CLR veranschaulicht das Element des Spiels in einem Zwischenraum. Das vollständig in Leichtbeton gegossene Haus F2 ist an die Fassade eines älteren Hauses in einem Genfer Vorort angebaut. Durch seine traditionellen Öffnungen in Wänden und Dach gelangt Sonne oder Regen hinein, sodass eine gewisse Zweideutigkeit entsteht: Handelt es sich um eine unfertige Konstruktion, in deren Aussparungen noch Fenster und ein Oberlicht einzubauen sind oder soll ein Aussenraum mit einigen vertikalen und horizontalen Abdeckungen für zusätzliche Privatsphäre und Schatten sorgen und die Aussichten rahmen? Natürlich Letzteres: ein klimatischer Zwischenraum mit Merkmalen von Innen- und Aussenräumen. Die architektonische Zweideutigkeit und die Respektlosigkeit bieten hier ein Spiel, bei dem es darum geht, «die Architektur zu identifizieren». Gerade der vermittelnde Charakter des Raumes birgt Zweideutigkeit und Verspieltheit.

Haus F2, Onex
F2 House, Onex

Wohngebäude Marbriers 2, Lancy
Marbriers 2 buildings, Lancy

Wohngebäude Les Communailles, Onex
Les Communailles building, Onex

Ein ähnliches Spiel findet sich bei dem generationenübergreifenden Wohnprojekt Les Communailles sowie bei der Anlage mit Sozialwohnungen Marbriers 2. Beide Projekte nutzen ein Fertigteilsystem aus Beton, bei dem sich die Fassadenöffnungen subtil von Seite zu Seite verschieben anstatt vertikal und wohlgeordnet aufgestellt zu sein. Dadurch entsteht das komplexe Spiel «mineralisches Tetris» (wie es die Architekten selbst bezeichnen). Hier besteht die Fassade aus einer Vielzahl unterschiedlich dimensionierter und proportionierter «L»-, «T»- und rechteckig geformter Betonpaneele. Manche Fassadenöffnungen stehen für Loggien, die meisten jedoch für Fenster; eine Variation der spielerischen Zweideutigkeit der Hauserweiterung F2 in grösserem Massstab. Das vermittelnde architektonische Element der Fassade ist der Ort, an dem dieses Spiel offen zutage tritt. Bei Marbriers 2 ist es raffiniert nach innen – und dreidimensional – ausgedehnt, sodass im rechteckigen Gebäudevolumen gelegentlich zweigeschossige Gemeinschaftsräume entstehen. Bei Les Communailles dagegen, wird das zufällig wirkende Erscheinungsbild von Grundrissen erzeugt, die nicht gleichmässig gestapelt, sondern gespiegelt sind. Beide Projekte enthalten grosszügige Galerien mit eingebauten öffentlichen Sitzbänken; «eine Gelegenheit für Spielbereiche», so Patrick Longchamp. Bei den Wohntürmen La Marbrerie wird die überdachte Galerie von einem Eingangshof flankiert, der selbst einen Zwischenraum zur Nachbarschaft darstellt.

Zwischenräume können sich auch vollständig in die Innenbereiche erstrecken. Das Haus für Kinder und Jugendliche ist eine psychiatrische Einrichtung des Genfer Universitätsspitals, in dem mit unseren Erwartungen an eine solche Klinik sozusagen gespielt wird. Beim Betreten gleicht sein offenes Erdgeschoss eher einem Kulturzentrum als an einem Krankenhaus und führt tatsächlich zu einem Kino, einem Auditorium, einer vielseitigen Turnhalle, die auch für Theater, Tanz und Musik genutzt wird, und einer farbenfrohen Cafeteria. Zur leichteren Orientierung lassen sich die Aufzüge und Treppenhäuser auf ein Spiel mit farbkodierten Bodenbelägen ein, während die Loggien im Aussenbereich wieder zweideutig zwischen die Fenster der Gebäudefassade eingestreut sind. Tiefe Fensterbänke sind durchgängig mit Leisten aus Eichenholz versehen. In einer bequemen Sitzhöhe laden sie dazu ein, sich diese Flächen informell anzueignen. Da sie nicht wie typische Sitzgelegenheiten «aussehen», wirken sie auch nicht «leer», wenn niemand auf ihnen sitzt. Auch die Lounge-Räume im Erdgeschoss mit den abgestuften Sitzreihen für Kinder scheinen aus den Wänden «ausgehöhlt» worden zu sein; ihre Gestaltung erinnert an die traditionelle Form des Hauses wie sie jedes Kind zeichnet; eine kluge Umkehrung von voll und leer einer archetypischen Form. Das Spiel «Identifiziere die Architektur» zeigt sich hier noch einmal, diesmal in der Öffentlichkeit.

encourage free play on the part of building users. Offering the possibility of play becomes, for CLR, a public service of architecture.

A small house addition by CLR illustrates the element of play within intermediary space. Cast entirely in light concrete, F2 House is a volume added onto the front of an older house in the suburbs of Geneva. It features traditional punched openings in walls as well as in the roof that let sun or rain pass through, creating a certain ambiguity: is this an unfinished construction with openings awaiting the installation of windows and a skylight, or is it an outdoor space with some vertical and horizontal cover for extra privacy and shade, framing the views? It turns out to be the latter, of course: a climatic in-between space with characteristics of both indoor and outdoor environments. Here, play is licensed by architectural ambiguity and irreverence; a game of "identify the architecture" is offered. It is precisely the intermediary nature of the space that harbours ambiguity and playfulness.

A similar game is played at the intergenerational housing project Les Communailles and at the social housing complex Marbriers 2. Both projects employ a precast concrete construction system in which façade openings shift subtly from side to side rather than lining up vertically and orderly. This permits a complex game of "Tetris minéral" (as the architects themselves name it) to be played in which the façade is composed of a variety of differently sized and proportioned "Ls", "Ts" and rectangularly shaped concrete panels. Some façade openings are loggias while most are windows: a larger-scale variation on the playful ambiguity of the F2 house extension. The intermediary architectural element of the façade is where this game is overtly played, which in the case of Marbriers 2 subtly extends indoors – and to three dimensions – by the occasional presence of double-height communal spaces within the rectangular building volume. In Les Communailles, meanwhile, the aleatory appearance is generated by floor plans that are not stacked uniformly, but rather mirrored. In both projects, generous galleries with built-in public benches are provided "an opportunity for play spaces" according to Patrick Longchamp.[4] At the Tours de La Marbrerie, the covered gallery accompanies an entrance courtyard, itself an intermediary space with respect to the neighbourhood.

Psychiatrisches Krankenhaus für Kinder und Jugendliche, Genf
Psychiatric hospital centre for children and teenagers, Geneva

Intermediary spaces also extend fully indoors. The Maison de l'enfance et de l'adolescence is a psychiatric institution of the Geneva University Hospital where a certain game is played with our expectations of what such an institution should look like. Its open ground-floor, upon entry, has more the appearance of a cultural centre than a hospital, and does indeed enable access to a cinema and auditorium, a polyvalent gym that also serves for theatre, dance, and music and a colourful cafeteria within its walls. To facilitate wayfinding, elevator and stairwell cores engage in a game of colour-coded floor surfaces, while outdoor loggias are again ambiguously interspersed among windows in the building façade. Deep windowsills throughout are finished with oak ledges that happen to be positioned at a comfortable sitting height, inviting these surfaces to be informally appropriated. Since they do not "look" like typical seating, they do not "look" empty if nobody is sitting in them. Similarly, ground floor lounge spaces with tiered informal seating for youngsters appear to have been "excavated" out of walls, their shapes resembling the traditional house form that every child draws – a clever solid-void inversion of an archetypal form. The game of "identify the architecture" is played here once again, this time in public.

4 Longchamp, op. cit., p. 63.

Mehrere Schulen von CLR laden ebenfalls zur spielerischen Aneignung ein. Sowohl die Schule von Petit-Lancy als auch die Schule Le-Sapay zeichnen sich durch Bauvolumen aus, die grosszügig über die Gebäudeeingänge hinausauskragen und so weite überdachte Räume schaffen, die zum Spielen auffordern, vor allem bei schlechtem Wetter. Als ich die Schule École Le-Sapay an einem Regentag besuchte, herrschte reges Leben in diesen Räumen, und es war nicht einmal ein Schultag. Auch in der Schule Belle-Terre kommen bedeckte Aussenbereiche vor, dort allerdings in Form eher klassischer Vorbauten. Diese umgeben Höfe und Passagen zwischen den Gebäuden. Die Bedeutung dieser Zwischenräume unterstreichen die dortigen öffentlichen Kunstwerke.

Dann gibt es noch den Jardin Robinson, ein Jugendzentrum in Gestalt eines kleinen landwirtschaftlichen Betriebes, dessen einziges Programm das pädagogische Spiel ist. Die in den Hang eingelassene Betonkonstruktion enthält Innenräume (Werkstätten, Küche, Essbereich usw.) mit Blick auf einen künstlichen See und ein Vogelschutzgebiet, das Teil des regionalen Wassermanagementsystems ist. Da der Jardin Robinson teilweise unterirdisch angelegt ist, hat die umliegende Nachbarschaft eine unversperrte Sicht auf den See. Das Jugendzentrum ist «L»-förmig um einen Aussenhof angeordnet, zu dem sich grosse Schiebetüren öffnen lassen. Zwischen ihnen bildet ein auskragendes begrüntes Dach einen Zwischenraum, in dem sich Schafe, Ziegen und Hühner aufhalten. Diese Architektur ist zum Spielen gedacht, aber auch ein Spiel: Die Kinder werden ermuntert, sich die Hände schmutzig zu machen und zu bauen. Daher lieferten CLR mit Absicht einen rauen und nicht verfeinerten Bau; eine robuste Infrastruktur zum Spielen, die zum Handeln anregt. CLR sind sich bewusst, dass Perfektion und Vollkommenheit dem Spiel entgegenstehen und bauten daher nur eine minimale Grundstruktur, die von ihren Nutzerinnen und Nutzern «gehackt» werden kann; auch hier wieder gerät der Zwischenraum zum Hauptschauplatz des Spiels und der Interaktion.

Der unprogrammierte und für die Aneignung offene Zwischenraum ist ein Bereich, der die zum Spielen erforderliche Freiheit ermöglicht. Was bedeutet Freiheit, wenn nicht die Gelegenheit, irrational, respektlos und – ausnahmsweise – unproduktiv zu sein? Das Spiel ist das eigentliche Aneignen und die Darstellung von Freiheit. Spielen heisst frei sein.

Bauen ist eine ernste Angelegenheit. Gebäude sind grosse, öffentlich sichtbare und kostspielige Strukturen, die dem Zweck dienen müssen, für den sie errichtet wurden. Dabei haben sie gleichzeitig den komplizierten gesetzlichen Bestimmungen in puncto Flächennutzungsplänen, Bauvorschriften und Energieeffizienz zu entsprechen; und erst recht dem politischen Auf und Ab hinsichtlich der Beteiligung von Nachbarn und Interessenträgern. Es ist ein Wunder, wenn ein Gebäude fertiggestellt wird, das neben allen rechtlichen Anforderungen und funktionalen und politischen Erwartungen einen Raum enthält, der durch architektonische Verspieltheit zum Spielen anregt.

Die Arbeit von CLR bewegt sich in der Dialektik zwischen Gebäude und Freiheit – Architektur und Spiel – durch das urbane Mittel des unprogrammierten Zwischenraumes und schafft Gelegenheiten für Geselligkeit, Freiheit und freies Spiel.

Several schools by CLR also invite playful appropriation. Petit-Lancy School and Le-Sapay School feature building volumes that generously cantilever over building entrances, creating ample covered spaces that invite play, especially when the weather is otherwise discouraging. When I visited Le-Sapay on a rainy day, these spaces were buzzing with playful activity, and it was not even a school day. Belle-Terre School similarly features covered outdoor spaces, these in the form of somewhat more classical porches surrounding courtyards and passageways through buildings. The importance of these intermediary spaces is accentuated by the presence of public artworks in them.

Schule Von Petit-Lancy, Lancy
Petit-Lancy School, Lancy

Schule Belle-Terre, Thônex
Belle-Terre School, Thônex

Jardin Robinson, Meyrin
Robinson Garden, Meyrin

Then there is Robinson Garden, a youth centre in the form of a small agricultural farm whose very programme is educational play. Overlooking an artificial pond and bird sanctuary that is part of the regional water management system, the interior activity spaces of Robinson Garden (workshops, kitchen, dining area, etc.) are contained within a concrete structure that is buried inside a hillside so as not to block views of the pond from the surrounding neighbourhood. The youth centre is L-shaped around an outdoor yard, onto which large sliding doors can be opened, and between which an intermediary space is created by means of a cantilevered green roof grazed by sheep, goats and chickens. It is an architecture *for* but also *of* play: youngsters are encouraged to get their hands dirty and build things here, so the structure provided by CLR is purposefully rough and unrefined, a piece of tough play infrastructure that encourages intervention. CLR understand that play is hindered by perfection and completeness, and have provided only a minimal, basic structure to be "hacked" by its users; the intermediary space once again becomes the main locus of play and interaction.

Unprogrammed and open to appropriation, intermediary space is one that enables the freedom required to play. What is freedom if not the opportunity to be irrational, irreverent and – for once – unproductive? Play is the very appropriation and enactment of freedom. To play is to be free.

Building is serious business. Edifices are large, publicly visible structures that are very expensive and must serve the purpose for which they were constructed, all while meeting the complicated legalities of zoning, building code and energy efficiency requirements, not to mention the vicissitudes of the politics of neighbour and stakeholder participation. It is a miracle whenever a building is completed that on top of all the legal requirements and functional and political expectations, it contains a space that inspires play through architectural playfulness.

The work of CLR navigates the dialectics between structure and freedom – architecture and play – through the urban device of the unprogrammed intermediary space, creating opportunities for sociability, freedom and free play.

Die neuen Schulgebäude ergänzen die bestehenden Bildungseinrichtungen und werten das Viertel in fünf aufeinanderfolgenden Bauabschnitten wieder auf.

Die Kindertagesstätte ähnelt einem Kinderspiel: ein roter Klotz in einem grünen Garten. Dieser Holzpavillon ist von innen ganz transparent, verteidigt seine Privatsphäre und wurde in vier Monaten errichtet.

Die in zwei Bauabschnitten realisierte Schule nimmt 14 Klassenräume und ein Musikzentrum auf. Von aussen zeigt sich ein Farbspiel auf einem schwarzen mineralischen Gebäude. Innen sind bei fehlenden Wänden die Bereiche an den Schnittstellen zwischen Räumen und Korridoren offen. Metallnetze an den Treppen beruhigen, filtern das Licht und nehmen manchmal Ausstellungsstücke auf.

Die Sporthalle befindet sich halb unterirdisch. Sie ähnelt einem über Glaswänden schwebendem Monolithen aus Granit. Das im Erdgeschoss transparente Gebäude lädt zum Entdecken der dortigen Ereignisse ein: Sport, sei es Schul- oder Vereinssport. Auf der Höhe mit der Aussenwelt finden sich Schaulustige. Tribünen sorgen für eine starke Verbindung zu dem sozialen Leben im Wohnviertel.

Die ehemalige Schule vom Typ «Heimatstil» aus dem Jahre 1911 erhält ihre ursprüngliche Form zurück. Dabei verstärken die Farben im Inneren noch ihren historischen Charakter. Im Dachgeschoss, das mit Luken und einem freigelegten Dachstuhl verschönert wurde, erhöht eine neu entstandene Buchwerkstatt den Wert dieses vergessenen Bereichs, der nun allen Schülerinnen und Schülern zugänglich ist.

The new school buildings complement the existing educational facilities and enhance the neighbourhood in five successive construction phases.

The nursery, designed as a red block set within a green garden, evokes the essence of childhood play. This wooden pavilion, playing with transparency from the inside, defends its privacy and was built in four months.

The school, built in two phases, accommodates 14 classrooms and a music centre. Outside, an interplay of colours contrasts against the black, mineral building. Inside, the areas at the intersection between rooms and corridors are open when there are no walls. Metal nets on the stairs calm, filter the light and sometimes hold exhibits.

The semi-underground sports hall resembles a granite monolith floating on glass walls. Transparent on the ground floor, the building is an invitation to discover what is going on inside: sport, whether school or club. Onlookers can be found at eye level with the outside world. Bleachers provide a strong connection to social life in the neighbourhood.

The historic 1911 school building, designed in style known as *Heimatstil*, has been restored to its original form, with interior colours chosen to accentuate its historic character. The attic has been transformed into a book workshop, featuring newly added dormer windows and an exposed roof structure. This once-forgotten space is now accessible to all students, offering a renewed sense of purpose.

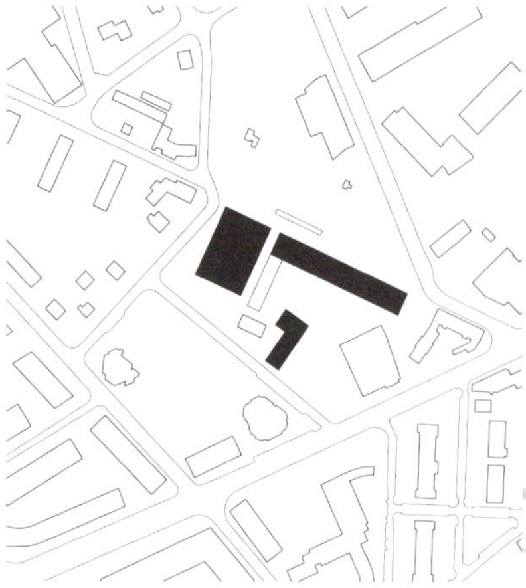

Wettbewerb: 1999, Siegerprojekt
Ausführung: 2000–2006
Bauherrschaft: Stadt Lancy
Statik: ab ingénieurs SA

Competition: 1999, winning project
Construction: 2000–2006
Client: City of Lancy
Civil engineer: ab ingénieurs SA

MAIRE

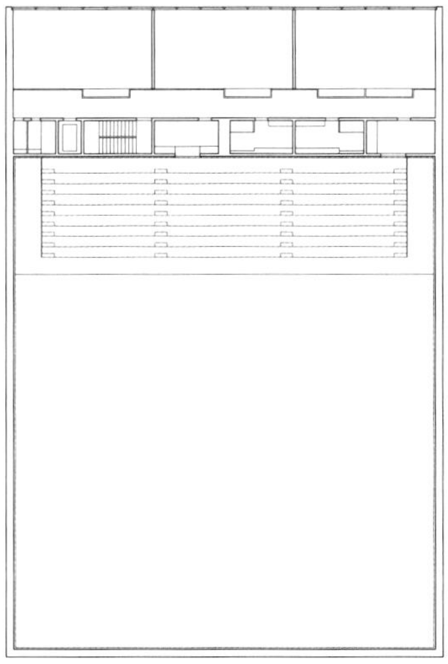

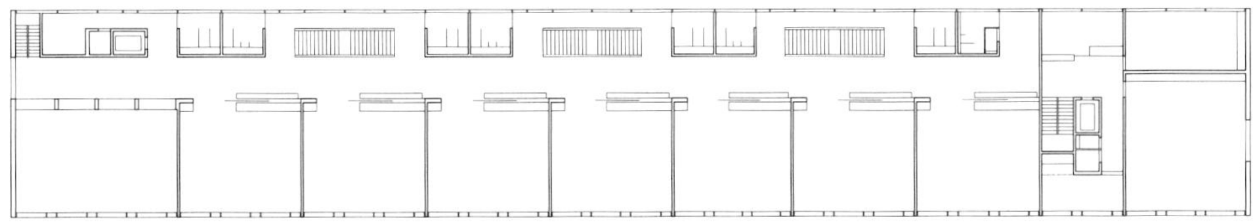

20 m

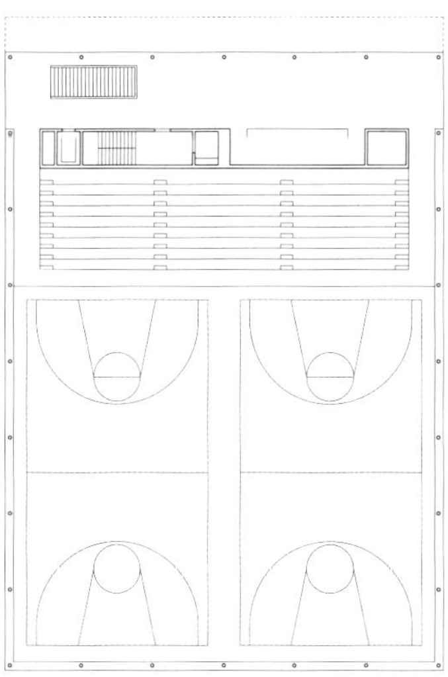

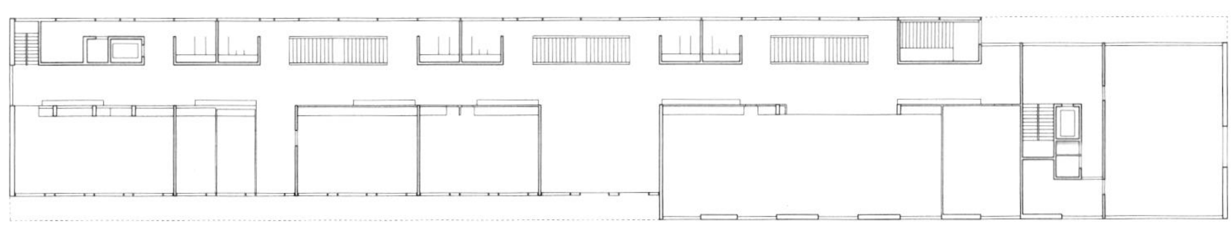

Der Anbau dieses Hauses aus den 1930er Jahren besteht aus einem kleinen, schlanken eingeschossigen Volumen. Er schiebt sich seitlich an das Haus unter das bestehende Dach und erstreckt sich über die gesamte Grundstückstiefe entlang der Hauptfassaden, ohne sie zu dominieren. Diese Erweiterung definiert einen privateren Eingangsbereich auf der Nordseite, während der Garten auf der Südseite erhalten bleibt. Ihre Architektur aus genutetem Zink nimmt die Form eines Prismas an. Sie erinnert an das alte, elegante Gartengewächshaus und behauptet sich als Anbau des Haupthauses.

Innen bildet der fein bearbeitete Sichtbeton einen angenehmen Kontrast zu den Schreinerarbeiten aus Eichenholz. Ein Oberlicht erhellt das Badezimmer und durch ein grosses Oberlichtfenster den kleinen Flur, wodurch insgesamt ein Gefühl von Leichtigkeit und Offenheit entsteht. Die innere Wegeführung wird durch eine kreisförmige Anordnung neu erfunden, was den Übergang zwischen Alt und Neu erleichtert. Das zum Eingang hin offene Schlafzimmer profitiert ebenso wie das vergrösserte Wohnzimmer vom Volumen der Dachschräge. Damit verleiht der Wohnraum dem Haus einen vielfältigen Charakter, der durch den Gegensatz von Alt und Neu noch betont wird.

The extension to this 1930s house consists of a small, slender, single-storey volume. It slides under the existing roof on the side of the house and extends over the entire length of the property, so that it accompanies the main façades without dominating them. The addition creates a more private entrance area on the northern side, while preserving the garden on the southern side. Its grooved zinc architecture takes the form of a prism. It is reminiscent of the old, elegant garden greenhouse and asserts itself as an annexe to the main house.

Inside, the finely finished exposed concrete forms a pleasant contrast to the oak carpentry. A skylight illuminates the bathroom and the small hallway through a large skylight window, creating an overall feeling of lightness and openness. The internal routing is reinvented by a circular system, which facilitates the transition between old and new. The bedroom, which is open to the entrance, benefits from the volume of the sloping roof, as does the enlarged living room. The living space thus lends the house a pluralistic character, which is emphasised by the contrast between old and new.

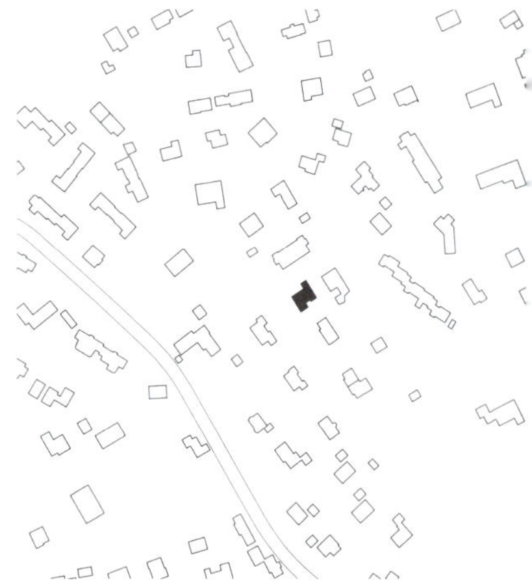

Studie: 2012
Fertigstellung: 2013
Bauherrschaft: privat
Statik: ab ingénieurs SA

Study: 2012
Completion: 2013
Client: private
Civil engineer: ab ingénieurs SA

WOHNGEBÄUDE LES COMMUNAILLES, ONEX

LES COMMUNAILLES BUILDING, ONEX

Inmitten der Cité Nouvelle gelegen, bietet das Projekt eine soziale und architektonische Verflechtung, die sich bis zur Fassade widerspiegelt und an ein mineralisches Tetris erinnert. Diese scheinbare Komplexität bricht mit der Monotonie der benachbarten Grosssiedlungen und beschert eine neue Art des Zusammenlebens. Die Giebel geraten zu echten Fassaden und beseitigen den Unterschied zwischen vorne und hinten.

Die 96 Wohnungen verteilen sich auf zwei verschiedene Eingangshallen, die über eine Arkadengalerie vom Strassenraum bis zum Innenpark verbunden sind. Dieser Übergangsbereich vermittelt zwischen der gesamten Bewohnerschaft und dem Viertel und verleiht dem Komplex eine urbane und gleichzeitig gesellige Qualität. Die Eingangshallen führen auf halber Ebene unmittelbar zum Parkplatz und zum öffentlichen Park und vermitteln optische Nähe in einem freundlichen und sicheren Umfeld. Jedes Treppenhaus versorgt jeweils sechs Wohnungen pro Geschoss. Jede von ihnen ist um einen zentralen Kern mit Küche und Sanitäranlagen organisiert und bietet eine intime Loggia. Auf den Treppenabsätzen befinden sich Mehrzweckbereiche wie Waschküchen oder Spielflächen, die an der Fassade sichtbar sind. Diese nach dem Zufallsprinzip im Gebäude angeordneten Räume erlauben je nach Geschoss unterschiedliche Ausblicke. Der Verteilerbereich bildet eine Art innere Strasse, die diese gemeinschaftlich genutzten Flächen mit den Arkaden, dem Gemeinschaftsraum, dem Fahrradabstellraum, dem Parkplatz, den Kellern und dem Innenpark verknüpft.

Located at the heart of the new housing estate, the project presents a social and architectural interplay, reflected in its façade, which resembles a mineral Tetris. This visual complexity disrupts the monotony of the surrounding residential blocks, introducing a fresh approach to communal living. The gables become real façades, effectively dissolving the conventional distinction between front and rear.

The 96 apartments are distributed across two separate entrance halls, connected by an arcaded gallery that leads from the street to the inner park. This transitional space fosters a sense of connection between residents and the neighbourhood, giving the complex a quality that is both urban and convivial. The split-level entrance halls provide direct access to both the car park and the public park, creating a visually open and secure environment. Each stairwell serves six apartments per floor, all organised around a central core comprising a kitchen and sanitary facilities, while private loggias offer secluded outdoor spaces. The floors include multi-purpose areas such as laundry rooms and play spaces visible along the façade. Arranged randomly throughout the building, these spaces offer a variety of views from different floors. The circulation area functions as a kind of internal route that connects these communal spaces with the arcades, a common room, the bicycle room, the car park, the cellars and the indoor park.

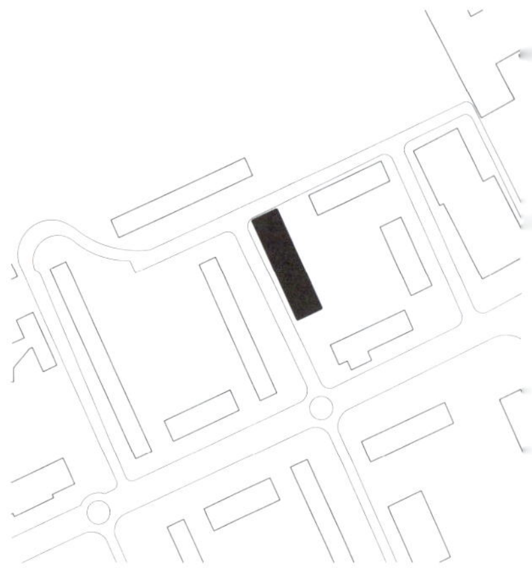

Wettbewerb: 2008, Siegerprojekt
Ausführung: 2011–2015
Bauherrschaft: Fondation Immobilière de la Ville d'Onex
Statik: ab ingénieurs SA
Landschaftsarchitektur: P. Heyraud Sàrl

Competition: 2008, winning project
Construction: 2011–2015
Client: Fondation Immobilière de la Ville d'Onex
Civil engineer: ab ingénieurs SA
Landscape architecture:
P. Heyraud Sàrl

3
2

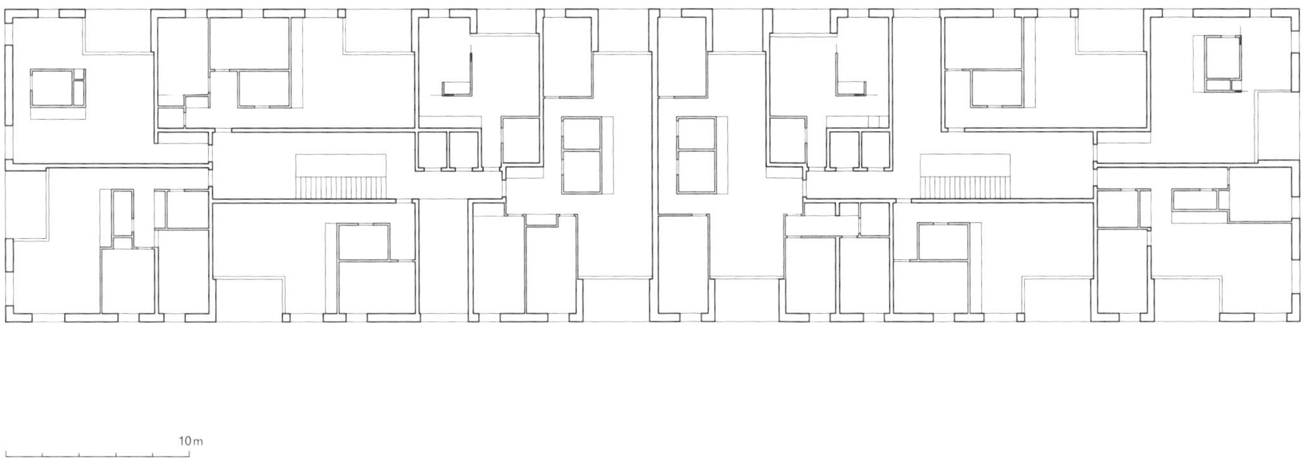
10m

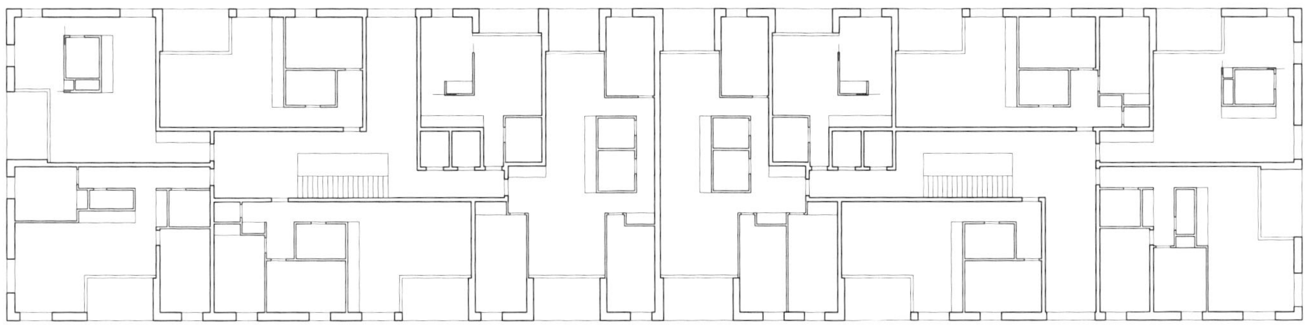

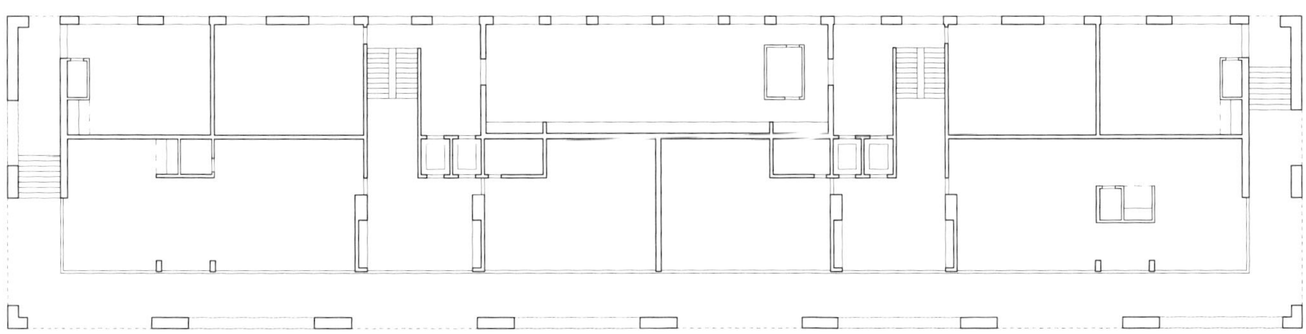

Der Gemeindesaal von Petit-Lancy symbolisiert die 1960er Jahre. Er wurde auf den neuesten Stand gebracht und von den zahlreichen, im Laufe der Zeit errichteten Nebengebäuden befreit. Durch den Wiederaufbau eines neuen Nebengebäudes werden das Hauptgebäude mit seinem Wandfresko aufgewertet, die Durchlässigkeit zum Viertel wieder hergestellt und die Eingänge besser lesbar. Der Saal schafft eine grössere Bühne mit mehr Funktionalität, beherbergt eine Bar an der Seite und in Verlängerung des Saals Umkleideräume und sanitäre Anlagen sowie einen Zugang für Vereinsräume im Untergschoss oder Erdgeschoss.

An der Fassade erzeugen metallene Maschrabiyya-Elemente Nähe zum Schulhof. Sie öffnen sich stellenweise und verwandeln den Ort je nach Nutzung auf ausdrucksstarke Weise. Der architektonische Kontrast unterstreicht den historischen Baukörper mit seinem Originalfresko. Damit bietet das Projekt eine starke Präsenz für eine tagsüber diskrete Nutzung, die abends bei lokalen Veranstaltungen zum Vorschein kommt.

The Petit-Lancy town hall is emblematic of the 1960s. It has been sensitively modernised and cleared of the various annexes added over the years. The main body of the building and its wall fresco have been upgraded by the construction of a new annexe to make the neighbourhood more accessible and the entrances clearer. This new addition accommodates an expanded stage with increased functionality, complemented by a side bar, extended auditorium, cloakrooms and toilets, as well as providing access to club premises on the ground floor.

The façade incorporates mashrabiya-style metal cladding, regulating the building's connection to the nearby schoolyard. These panels unfold in certain areas, transforming the site to suit different uses in an expressive manner. The architectural contrast highlights the body of the historical building and its original fresco, giving the project a strong presence. By day, the building maintains a discreet profile, yet it comes alive in the evenings when it hosts local events.

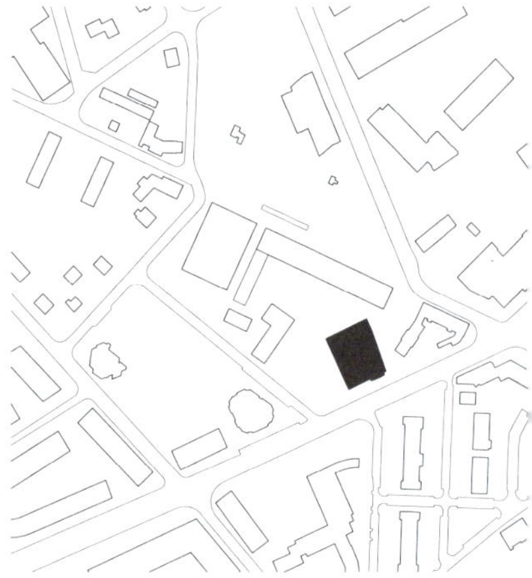

Wettbewerb: 1999, Siegerprojekt
Ausführung: 2014–2016
Bauherrschaft: Stadt Lancy
Statik: ab ingénieurs SA

Competition: 1999, winning project
Construction: 2014–2016
Client: City of Lancy
Civil engineer: ab ingénieurs SA

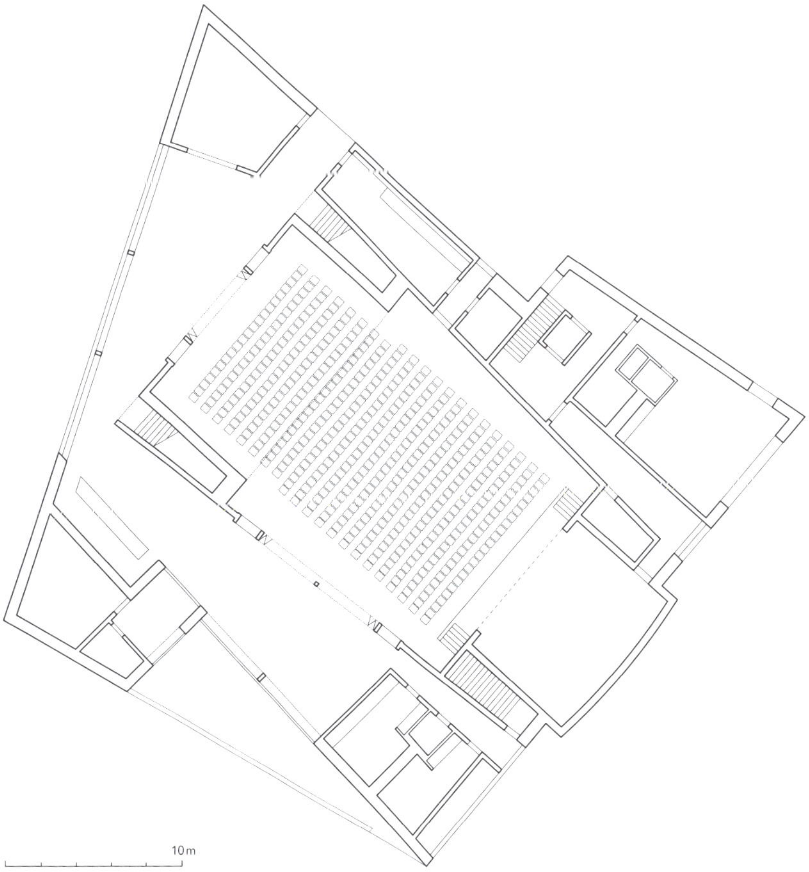

10 m

Die Gruppe von Schulbauten ist pavillonartig am Waldrand platziert. Vier Gebäude unterschiedlicher Grösse wechseln einander auf dem Gelände ab und gliedern die verschiedenen Bereiche, die für die Strukturierung des Viertels notwendig sind. Sie begrenzen einen grosszügigen öffentlichen Platz, einen intimen Hof zwischen den einander zugewandten Gebäuden sowie einen zum Quartier hin geöffneten Spielplatz.

Die Klassenzimmer verteilen sich auf zwei Gebäude, deren Typologie die Ausrichtungen diversifiziert und vielfältige Blicke über die Landschaft gewährt. Diese Gebäude sind zusammen mit dem Bau, der das Restaurant und die ausserschulischen Bereiche enthält, durch einen Sockel miteinander verbunden. In ihm befinden sich die Sonderräume, die Aula und zahlreiche Vereinslokalitäten, die über zwei Innenhöfe belichtet werden. Das kompakte, in den Hang integrierte Sportgebäude besteht aus einer Sporthalle und einem öffentlichen halbolympischen Schwimmbad.

Die Fassaden des Gebäudekomplexes spielen mit Massstäben und Proportionen, betonen die Horizontalität und die Einbindung in die Landschaft. Sie erinnern an die geologischen Schichten der Berge im Hintergrund durch den Wechsel grossformatiger Wände aus schwarzem sandgestrahltem Beton und tiefen Glasfenstern, die von natürlichen Betonbändern unterstrichen werden. Weisse Betoneinfassungen markieren die Fenster der Klassenzimmer wie Musiknoten auf den Notenlinien aus Beton.

The school complex is laid out in a pavilion-style arrangement along the forest edge. Four buildings of different sizes alternate on the site and divide up the various areas that are necessary for structuring the neighbourhood. They delimit a large public square, an intimate courtyard between the buildings that face each other and a playground open to the surrounding area.

The classrooms are distributed between two buildings whose typology diversifies their orientation and offers multiple perspectives on the landscape. These buildings, along with the one housing the restaurant and after-school facilities, are linked by a base that houses the special rooms, the assembly hall and a number of community rooms lit by two patios. The compact sports building, integrated into the hillside, layers a multisports hall and a 25 m public swimming pool.

The façades of the complex play on scale and proportion, emphasising horizontality and integration into the landscape. They recall the geological layers of the mountains in the background through the alternation of large-format walls made of black sandblasted concrete and deep glass windows, which are underlined by natural concrete bands. The classroom windows, framed in white concrete, are composed like musical notes on concrete staves.

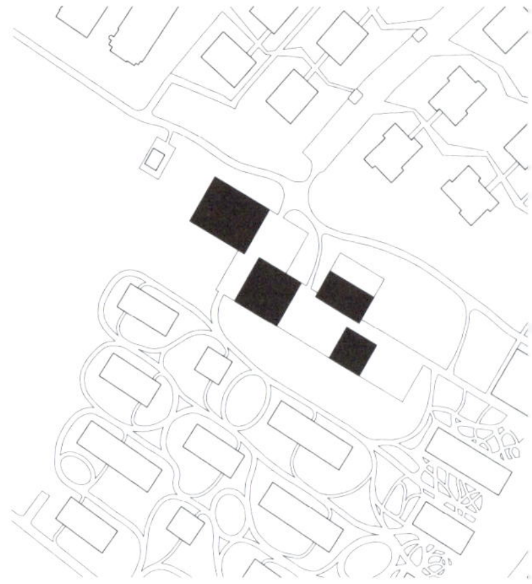

Wettbewerb: 2009, Siegerprojekt
Ausführung: 2012–2016
Bauherrschaft: Gemeinde Plan-les-Ouates und Lancy
Statik: ab ingénieurs SA
Landschaftsarchitektur: La Touche Verte

Competition: 2009, winning project
Construction: 2012–2016
Client: Commune of Plan-les-Ouates and Ville de Lancy
Civil engineer: ab ingénieurs SA
Landscape architecture: La Touche Verte

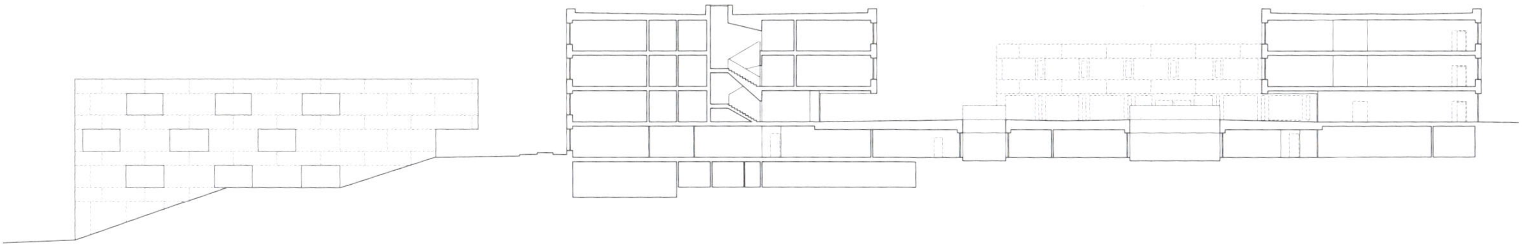

20 m

5m

Dieses Projekt liegt am Rande einer Satellitenstadt und ist buchstäblich in den Aushub eines angrenzenden künstlichen Sees eingepasst, wird Teil der Landschaft und nimmt sie mit Demut gegenüber dem Ort ein.

Der Jardin Robinson, ein freie Betreuungseinrichtung für Kinder, verläuft um einen Abenteuerspielplatz und verfügt über ein Gebäude, das teilweise für Tiere vorgesehen ist.

Seine Architektur erinnert an einen Höhlenbau; einfach, nachhaltig und schnörkellos. Als Materialien dienen Sichtbeton für die Konstruktion und Holzpaneele für das Innere, wie bei einer Höhlenwohnung. Durchbrochene und raue Fichtenbretter bilden sowohl die Fassade in der für Tiere bestimmten Zone als auch die grossformatigen Schiebeläden um den überdachten Aussenbereich. Dieser überleitende Raum offenbart die Seele des Ortes, die von Abenteuergeist durchdrungen ist.

Innen gehen die Wohnbereiche fliessend ineinander über: vom Atelier zur Küche, die sich grosszügig zum See hin öffnet, über den Kissenraum und den grossen Saal, der von einem Ofen mit Recyclingholz erwärmt wird. Die Räume sind optisch durch Innenfenster miteinander verbunden, sodass sich überschneidende Ausblicke und unerwartete Perspektiven ergeben.

ROBINSON GARDEN, MEYRIN

Located on the edge of a satellite town, this project is literally fitted into the excavation of a neighbouring artificial lake, becoming part of the landscape and occupying it with humility towards the site.

Robinson Garden, a free childcare centre, runs around an adventure playground and has a building that is partly intended for animals.

The architectural design evokes that of a cave dwelling: simple, sustainable and unembellished. The materials used are exposed concrete for the structure and wooden panels for the interior, as in a cave dwelling. Rough, openwork spruce boards form both the façade in the area intended for animals and the large sliding shutters around the covered outdoor area. This transitional space reveals the soul of the place, which is imbued with a spirit of adventure.

Inside, the living spaces flow seamlessly into one another: from the workshop to the kitchen, generously open to the lake, through the cushion room and the large room, warmed by a wood-fired oven. Interior windows further connect these spaces, creating intersecting views that reveal unexpected perspectives.

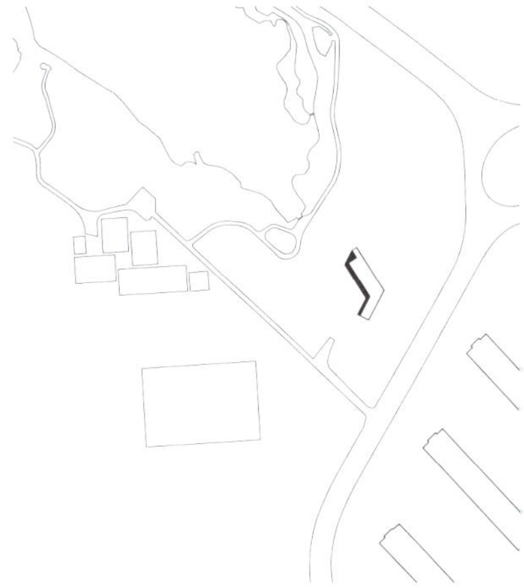

Projekt: 2014–2016
Ausführung: 2016–2017
Bauherrschaft: Gemeinde Meyrin
Bauleitung: Thinka Sàrl
Statik: Ingéni SA + ICE SA
Landschaftsarchitektur: P. Heyraud Sàrl

Project: 2014–2016
Construction: 2016–2017
Client: Commune de Meyrin
Building management: thinka Sàrl
Civil engineer: Ingéni SA + ICE SA
Landscape architecture: P. Heyraud Sàrl

20m

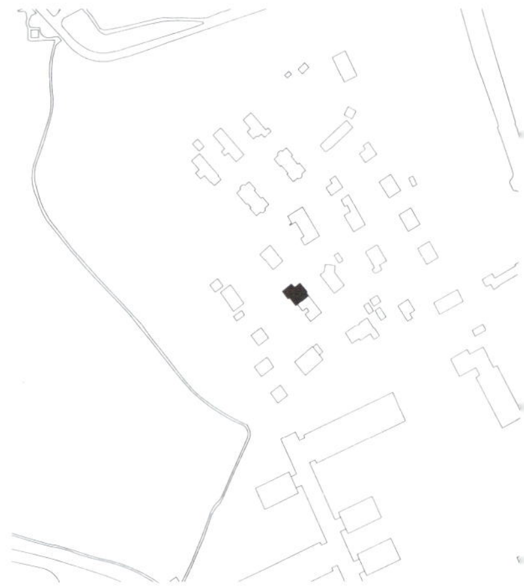

Die thermische Sanierung einer Doppelhaushälfte aus den 1960er Jahren gab den Anstoss zu einem Erweiterungsprojekt, das die Beziehung zum Grundstück und die Interaktion mit dem Garten radikal veränderte. Der neue, schlichte und lichtdurchflutete äussere Bereich ist an das Bestandsgebäude angebaut. Das Volumen aus hellem Sichtbeton schafft einen Übergangsbereich zwischen dem Haus und seiner Umgebung, einen Lebensraum, der von den Jahreszeiten bestimmt wird. Es besteht aus einem zum Himmel hin offenen Teil mit einer Pflanzfläche sowie einem grosszügigen überdachten Bereich, in dem sich Sonne und Wind weniger stark auswirken. Grosse Öffnungen rahmen die Vegetation ein. Sie lenken die Perspektiven und bewahren die Intimität des Ortes. Innen erscheint das Esszimmer wie vor einem Innenhof, die neue Bibliothek aus Holz verlängert das Wohnzimmer und führt in den Garten, und der Wohnbereich profitiert von einem ergänzten Panoramafenster.

Die bestehende Fassade wurde von aussen mit Multipor-Mineraldämmplatten isoliert, einem steifen, mineralischen und umweltfreundlichen Material, und mit einem Kalkputz versehen. Diese atmungsaktive Zusammensetzung verbindet thermische Leistung mit dem Erhalt der ursprünglichen Architektur und entspricht so den Anforderungen an eine Modernisierung, ohne den Charakter des Gebäudes zu verändern.

The thermal renovation of a semi-detached house dating from the 1960s provided the impetus for a extension project, fundamentally reshaping its relationship with the site and its interaction with the garden. The new, simple and light-flooded outer area is attached to the existing building. The volume of light-coloured exposed concrete creates a transitional area between the house and its surroundings, a living space that is determined by the seasons. It consists of a part open to the sky with a planting area and a spacious covered area where the sun and wind have less of an impact. Large openings frame the vegetation. They direct the view and preserve the intimacy of the space. Inside, the dining room appears to be in front of an inner courtyard, the new wooden library extends the living room and leads into the garden, and the living room benefits from an additional panoramic window.

The existing façade is insulated on the outside with Multipor mineral insulation boards, a rigid, mineral and environmentally-friendly material, and finished with lime plaster. This breathable composition combines thermal performance with preservation of the original architecture, meeting the requirements of the renovation without altering the essence of the building.

Studie: 2017
Fertigstellung: 2018
Bauherrschaft: privat
Statik: ab ingénieurs SA

Study: 2017
Completion: 2018
Client: private
Civil engineer: ab ingénieurs SA

Die präzise Einbindung des Projekts in die nordöstliche Ecke des Grundstücks sorgt für den Erhalt der grossen, eindrucksvollen Bäume und gleichzeitig für einen gut ausgerichteten, teils überdachten Pausenhof. Das kompakte und rationelle Volumen der Schule ist durch versetzte Anordnungen organisiert, die während der etappenweisen Fertigstellung des Projekts entstanden. Die von der Nordbebauung übernommene Geometrie vermeidet die Frontalität zur Strasse und schafft gleichzeitig auf natürliche Weise einen Unterschied zur künftigen Bebauung des Quartiers.

Fassaden aus gross dimensionierten Betongalerien folgen den versetzten Anordnungen und der schwungvollen Linienführung des Gebäudes. Jedem Raster entspricht ein Klassenraum, was die Lesbarkeit vereinfacht und die Volumetrie des Gebäudes durch die verwendeten Massstäbe und Proportionen abschwächt.

Die halb unterirdisch platzierte Turnhalle präsentiert sich in der Grundstücksecke. Für den urbanen Charakter des Ortes sorgen Maschrabiyyas aus vertikalen Holzlamellen, die das Hinausschauen ermöglichen, ohne gesehen zu werden. Diese Vorrichtungen finden sich auch an den anderen Fassaden vor den Lüftungsöffnungen, sodass der gesamte Komplex einen heiteren und freundlichen Charakter erhält.

Im zweiten Geschoss profitieren die ausserschulischen Aktivitäten von einer Terrasse als äussere räumliche Verlängerung sowie einem inneren Lichtschacht. Die Raumqualitäten dieses Programmteils werten diesen Lebensbereich auf und täuschen über die tatsächliche Zahl an Stockwerken hinweg.

The precise positioning of the project in the north-eastern corner of the plot combines the conservation of the large, remarkable trees with a well-aligned school yard. The compact and rational volume of the school is organised by staggered arrangements created during the phased completion of the project. The geometry adopted from the northern structure avoids the frontality to the street and at the same time creates a natural difference to the future development of the neighbourhood.

Façades made of large concrete galleries follow the staggered arrangement and sweeping lines of the building. Each grid corresponds to a classroom, which simplifies legibility and softens the volumetrics of the building through the scales and proportions used. The semi-underground gymnasium is located in the corner of the plot. Mashrabiya made of vertical wooden slats, which allow you to look out without being seen, lend the place an urban character. This feature can also be found on the other façades in front of the ventilation openings, giving the entire complex a pleasant and friendly character.

On the second floor, the extracurricular activities benefit from a terrace as an exterior extension and an interior skylight. The spatial qualities of this part of the programme enhance this living space on the upper floors, effectively reducing the perception of the relatively large number of floors in the school.

Wettbewerb: 2017, Siegerprojekt
Ausführung: 2020–2021
Bauherrschaft: Steiner SA für die Stadt Lancy
Statik: Thomas Jundt SA

Competition: 2017, winning project
Construction: 2020–2021
Client: Steiner SA for the City of Lancy
Civil engineer: Thomas Jundt SA

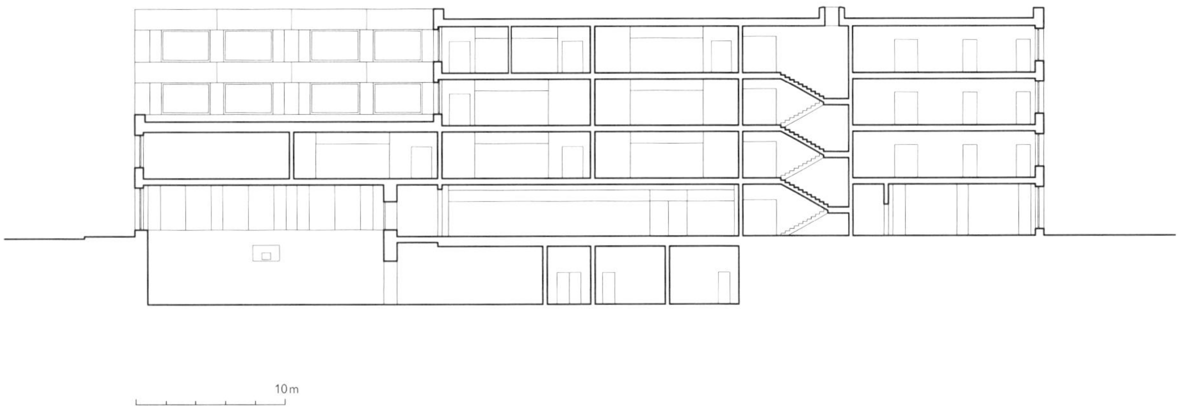
10m

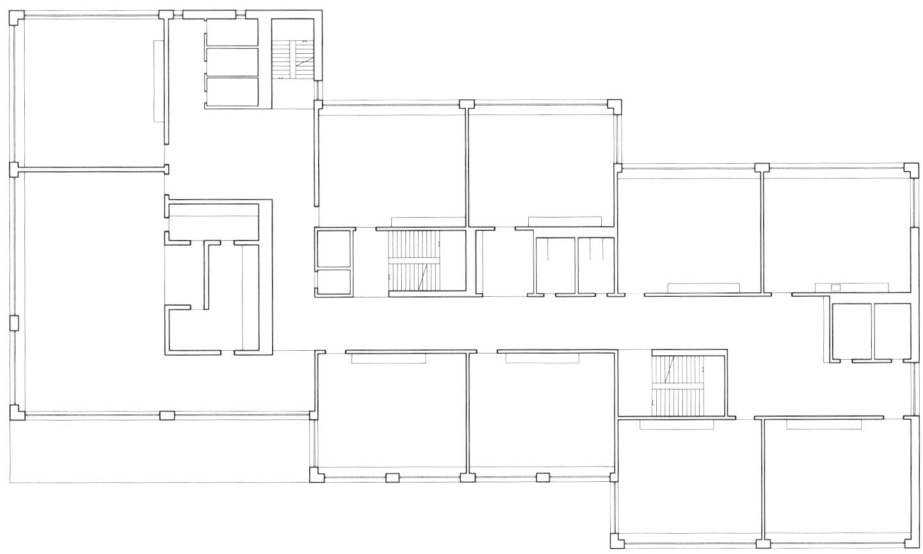

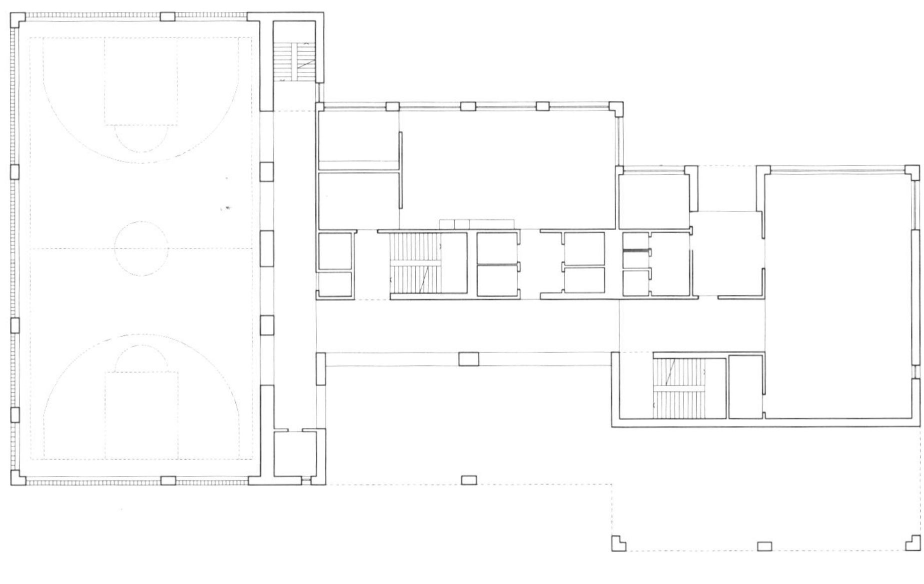

Die Primarschule in diesem neuen Stadtteil unterscheidet sich von der benachbarten Wohnbebauung durch eine ausgesprochen niedrige Baugestaltung, sodass ihre öffentliche Funktion zum Ausdruck kommt. Die Horizontalität des Gebäudes, die durch die Wiederholung seiner strukturellen Fassade verstärkt wird, betont die umliegende weite Landschaft. Seine gegliederte und artikulierte architektonische Form definiert auf natürliche Weise die Haupträume. Das Projekt verbindet die Kontinuität der offenen Bereiche im Erdgeschoss mit der Kontinuität der gebauten Räume im Obergeschoss und ermöglicht eine sehr flexible Nutzung. Die repetitive Betonkonstruktion gibt den diversen Holzverkleidungen, massiv oder durchbrochen, einen Rahmen und vereinheitlicht den Ausdruck zwischen den verschiedenen Nutzungen und deren Grad an Intimität.

Das Programm verteilt sich auf die drei Gebäudeteile. Im ersten befinden sich die ausserschulischen Räume, das Restaurant und die Aula, die gemeinschaftlich genutzt werden können und mit dem öffentlichen Platz verbunden sind. In der Mitte ist die Eingangshalle der Schule angesiedelt, die in unmittelbarer Verbindung zu dem Geschoss mit den Klassenräumen steht, welche im mehrfach orientierten Grundriss optimal organisiert sind. Ein Patio ermöglicht Blickbeziehungen, führt die verschiedenen Bereiche der Schule zusammen und sorgt gleichzeitig überall für eine qualitätvolle natürliche Belichtung. Im Untergeschoss begleitet der Patio den Zugang zur Turnhalle und zum ausserschulischen Bereich. Die Dreifachsporthalle, die halb unterirdisch am Ende des Komplexes liegt, besteht aus einer imposanten Holzkonstruktion. Sie verfügt über eine mobile Zuschauertribüne und eine offene Galerie, die sich über die gesamte Breite der Halle erstreckt.

The primary school in this new district stands out from the neighbouring urban residential buildings by virtue of its resolutely low profile, which expresses its public function. The horizontality of the building, reinforced by the repetition of its structural façade, highlights the surrounding landscape. The architectural form, both articulated and articulating, naturally defines the main spaces. The project combines the continuity of the open areas on the ground floor with the continuity of the built spaces on the upper floor and provides for very flexible utilisation. The repetitive concrete framework is softened by the alternating solid and openwork wooden cladding, creating a unified expression that balances the different functions of the school and the varying levels of privacy.

The programme is divided between the three parts of the building. The first houses the extracurricular facilities, the restaurant and the assembly hall, which can be shared and linked to the public square. In the centre is the school's entrance hall, directly linked to the classroom floors, which are optimally organised in the multi-orientated layout. A patio creates an interplay of views, linking the different areas of the school while providing high-quality natural lighting throughout. In the basement, it provides access to the gymnastics and after-school facilities. At the end of the complex, the semi-underground triple sports hall stands as a striking wooden structure, equipped with retractable bleachers for spectators and an open gallery running the full width of the hall.

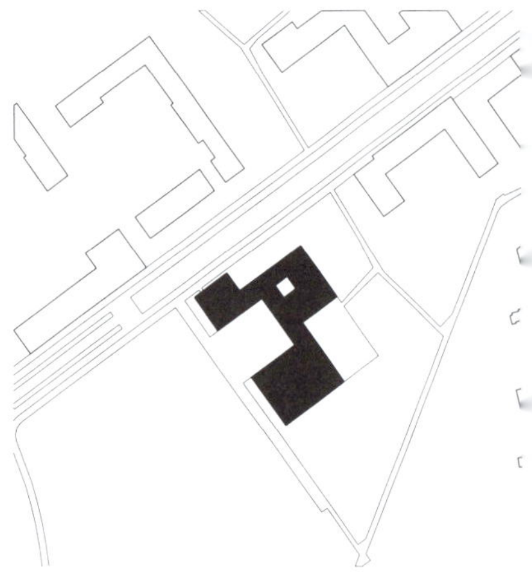

Wettbewerb: 2015, Siegerprojekt
Ausführung: 2019–2021
Bauherrschaft: Gemeinde Thônex
Bauleitung: 2dlc SA
Statik: Perreten & Milleret SA

Competition: 2015, winning project
Construction: 2019–2021
Client: Commune de Thônex
Building management: 2dlc SA
Civil engineer: Perreten & Milleret SA

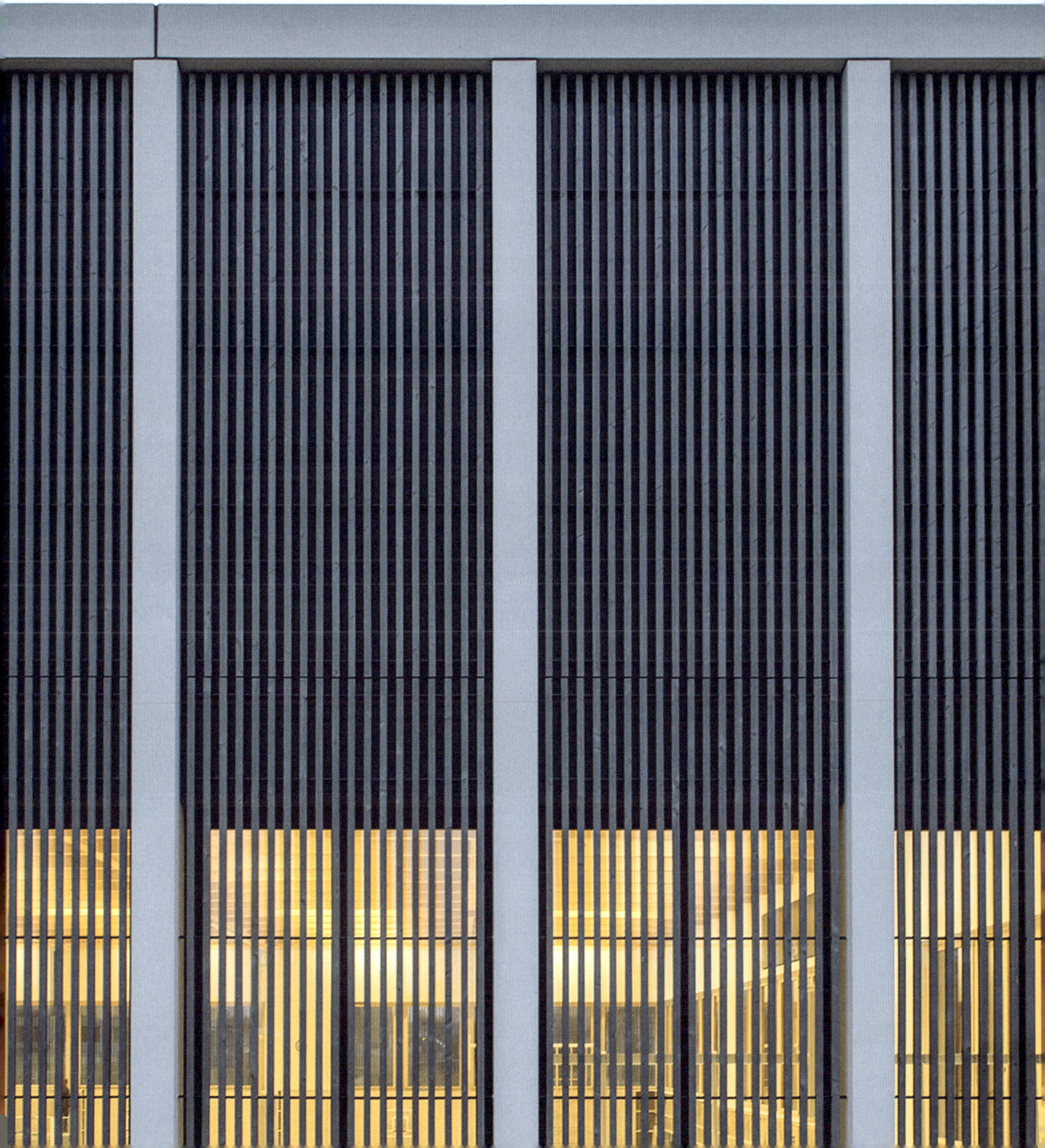

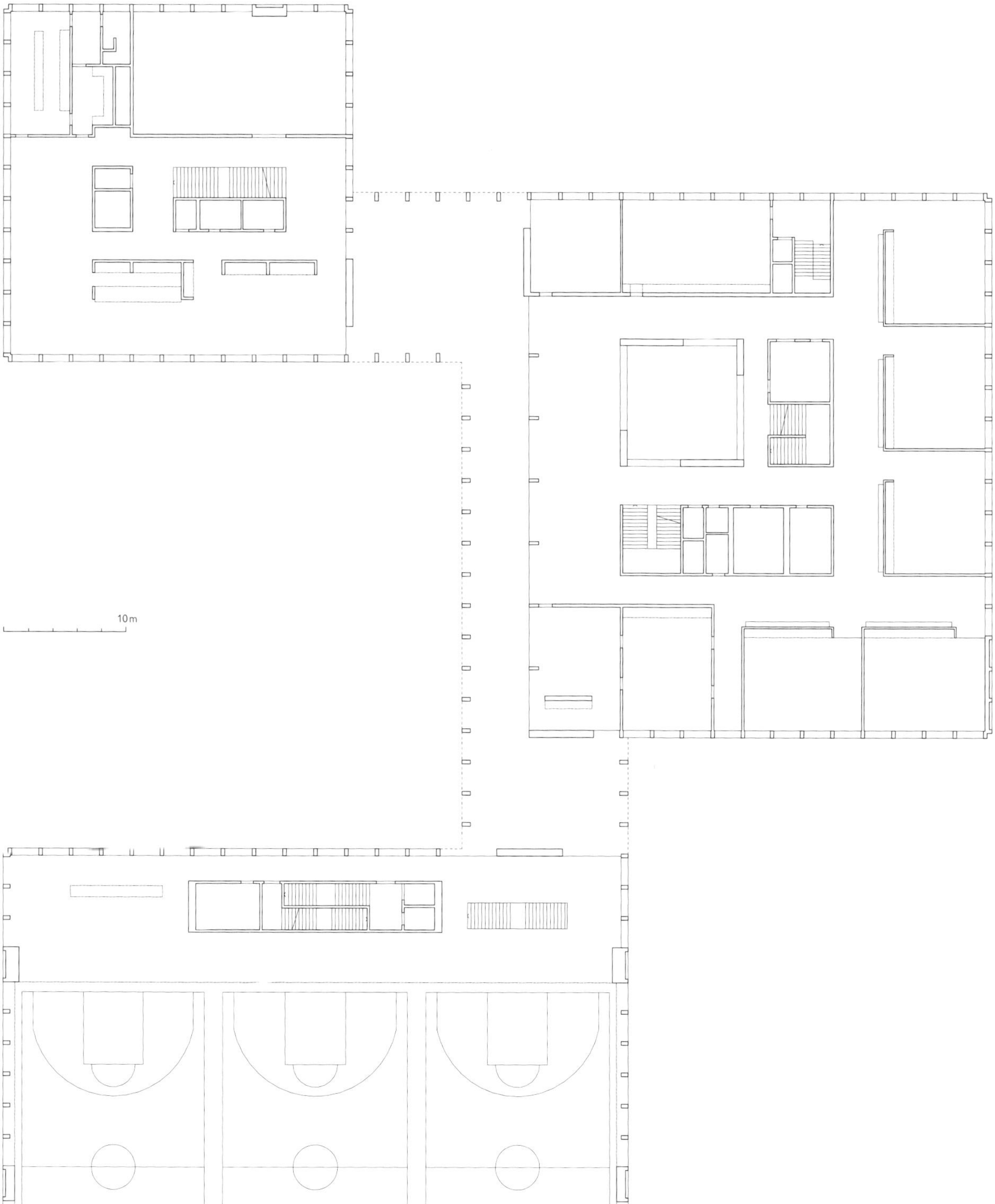
10 m

10 m

Das urbane Ensemble Clair-Val gruppiert vier Gebäude um einen Park, der wie ein offener Platz gestaltet ist. Diese Anordnung gibt den Blick auf das benachbarte Viertel frei. Unter dem nördlichen Gebäude verläuft ein Durchgang parallel zu den Wegen draussen und verbindet das zukünftige Viertel. Verschiedene Aussenbereiche nehmen die natürliche Neigung des Geländes auf und tragen zur Einbindung des Grundstücks in das umliegende Stadtgefüge bei. Geschickt unter den Gebäuden platziert, maximiert die Tiefgarage die für die Bäume im Park verfügbare Freifläche. Eine schlichte Architektur und die Arbeit an den Proportionen schwächen die Grössenverhältnisse des Ensembles ab.

Das Mehrgenerationenprogramm beinhaltet 165 Wohnungen für Familien und ältere Menschen sowie ein Jugendheim. Während sich die Eckwohnungen grosszügig zur Umgebung hin öffnen, bieten die seitlichen Wohnungen einen bajonettförmigen Tagesraum, der gleichzeitig offen und differenziert ist und den Eingangsbereich integriert, um geräumige Küchen zu ermöglichen. Dank des niedrigen Pendants gegenüber und Aussenvorhängen vermitteln die Loggien Privatsphäre und Komfort.

Die betreuten Wohnungen für ältere Menschen sind in Vierergruppen um einen Gemeinschaftsbereich vor den Wohnungseingängen angeordnet. Nach dem Vorbild einer Clusterwohnung profitiert dieser Bereich von einer gemeinschaftlichen Loggia. Diese einfache Erweiterung des Verteilerflurs gerät zu einem Angelpunkt für Geselligkeit, der die tägliche Sozialisierung als Ergänzung zu den gemeinsamen Aktivitäten begünstigt.

The Clair-Val urban complex groups four buildings around a park, in the style of an open square. This arrangement opens up views of the surrounding neighbourhood. The passage under the northern building accompanies the outdoor walkways and links the future neighbourhood. The various outdoor areas are designed to harmonise with the natural slope of the terrain so that the complex blends into the surrounding urban fabric. The underground car park, cleverly placed beneath the buildings, maximises the open space available for the trees in the park. The simple architecture and the work on the proportions soften the proportions of the ensemble.

The multi-generational programme includes 165 homes for families and the elderly, as well as a youth facility. While the corner apartments open up generously to the surroundings, the crossing typologies offer a bayonet-shaped living room that is both open and differentiated, integrating the entrance area to allow for spacious kitchens. Thanks to the low counterpart opposite and external curtains, the loggias provide privacy and comfort.

The assisted living units for the elderly are grouped in clusters of four, centred around a communal space located in front of the apartment entrances. This shared area, which includes access to a loggia, functions as a communal living room akin to a cluster flat. This simple expansion of the corridor becomes a vital social hub, encouraging daily interactions and fostering a sense of community alongside organised collective activities.

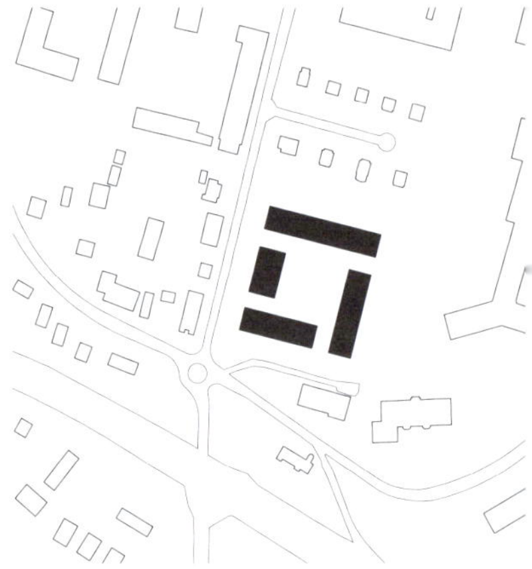

Wettbewerb: 2012, Siegerprojekt
Ausführung: 2017–2023
Bauherrschaft: Fondation pour le logement de la commune de Thônex, Fondation Astural
Statik: ab ingénieurs SA
Landschaftsarchitektur: P. Heyraud Sàrl

Competition: 2012, winning project
Construction: 2017–2023
Client: Fondation pour le logement de la commune de Thônex, Fondation Astural
Civil engineer: ab ingénieurs SA
Landscape architecture:
P. Heyraud Sàrl

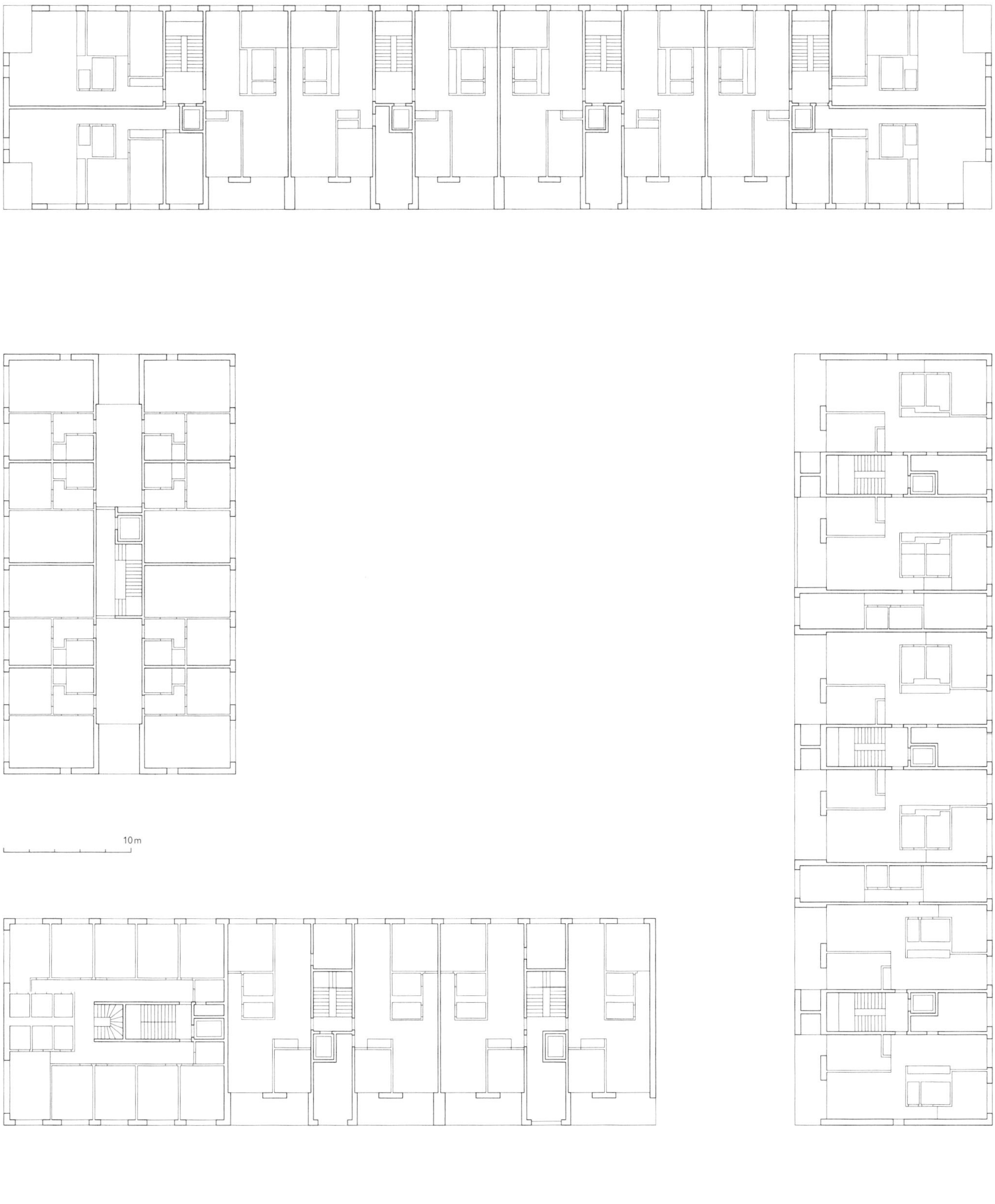
10 m

PSYCHIATRISCHES KRANKENHAUS FÜR KINDER UND JUGENDLICHE, GENF

PSYCHIATRIC HOSPITAL CENTRE FOR CHILDREN AND TEENAGERS, GENEVA

Elf psychiatrische Abteilungen sind in einem innovativen Projekt vereint, das Pflege und Kultur in einer freundlichen, sicheren und anregenden Umgebung verbindet. Das wie ein grosses Haus konzipierte Projekt fügt sich in die Stadt ein und soll die Psychiatrie entstigmatisieren. Das Gebäude wirkt zusammen mit dem Ort, für den Ort. Es öffnet sich zum Park, definiert einen grosszügigen Vorplatz für das Krankenhausgelände und markiert seine Verbindung zur Nachbarschaft, indem es sich an der Schule ausrichtet. Die im Wechsel vollen, verglasten und sich öffnenden Fassadenelemente greifen in ihrer Materialität die Schule und die benachbarte Bebauung auf. Das Projekt wertet das Image des Krankenhauses auf, indem es den Menschen in den Mittelpunkt stellt und verschiedene Massstäbe und überleitende Bereiche nutzt; von der Stadt zur Privatsphäre.

Im Erdgeschoss beherbergt ein urbaner und ausgedehnter Innenbereich die halböffentlichen Programme in einem konsequenten Mix aus Kulturraum und Pflegeeinrichtung. In den Obergeschossen ermöglicht die gegliederte Typologie des Grundrisses eine Verteilung der ambulanten Abteilungen und stationären Einheiten wie im häuslichen Umfeld. Die Korridore bieten auf jeder Etage vielfältige, manchmal unterwartete Ausblicke auf das Viertel. Die Architektur humanisiert die Pflege, indem sie auch die inhärente Qualität der Materialien und deren Ausgewogenheit, das natürliche Licht und die innere Geräuschkulisse einbezieht und so ein therapeutisches, beruhigendes und unterstützendes Umfeld für die Patienten, Besucher und das Pflegepersonal schafft.

This pioneering initiative unites eleven psychiatric departments within a thoughtfully designed space that merges care with culture, providing a welcoming, secure and stimulating environment. Envisioned as a large "house" seamlessly integrated into the urban fabric, the project seeks to de-stigmatise psychiatry. The building is designed to fit in with the place, for the place. It opens onto the park, defines an entrance area for the hospital and establishes a visual connection to the neighbourhood by aligning with the nearby school. The façade, alternating between solid, glazed and opening elements, resonates with the materiality of the school and neighbouring housing. The project enhances the hospital's image by placing people at the heart of the project, with work on scale and transitional spaces, from the city to privacy.

On the ground floor, an urban and generous interior space accommodates the semi-public programmes in an atmosphere that is resolutely mixed between a cultural space and a care centre. On the upper floors, a more residential feel is achieved through a carefully articulated layout of outpatient and inpatient units, with corridors offering varied and sometimes unexpected views of the neighbourhood. The architecture humanises care by emphasising the quality and balance of materials, natural light and a refined acoustic environment. These elements work together to create a therapeutic, calming and supportive environment for patients, visitors and the caring staff.

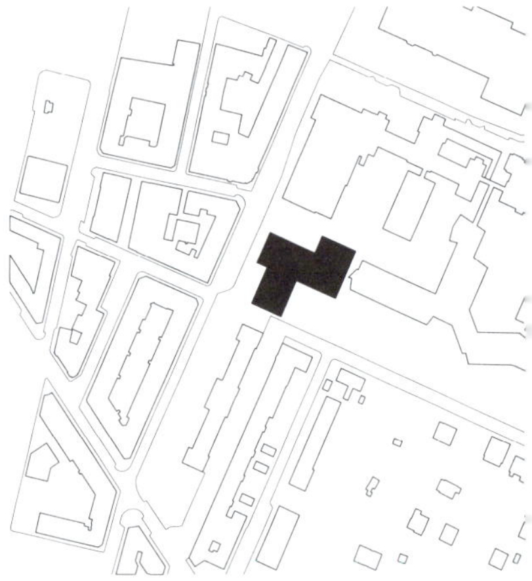

Wettbewerb: 2017, Siegerprojekt
Ausführung: 2020–2023
Bauherrschaft: Universitätsspital Genf (HUG)
Statik: ab ingénieurs SA
Landschaftsarchitektur: P. Heyraud Sàrl

Competition: 2017, winning project
Construction: 2020–2023
Client: Geneva University Hospitals
Civil engineer: ab ingénieurs SA
Landscape architecture: P. Heyraud Sàrl

HUG Hôpitaux Universitaires Genève
MAISON DE L'ENFANCE ET DE L'ADOLESCENCE
26

HUG Hôpitaux Universitaires Genève
MAISON DE L'ENFANCE ET DE L'ADOLESCENCE
26

3108
3109
Accueil - Secretariat

10m

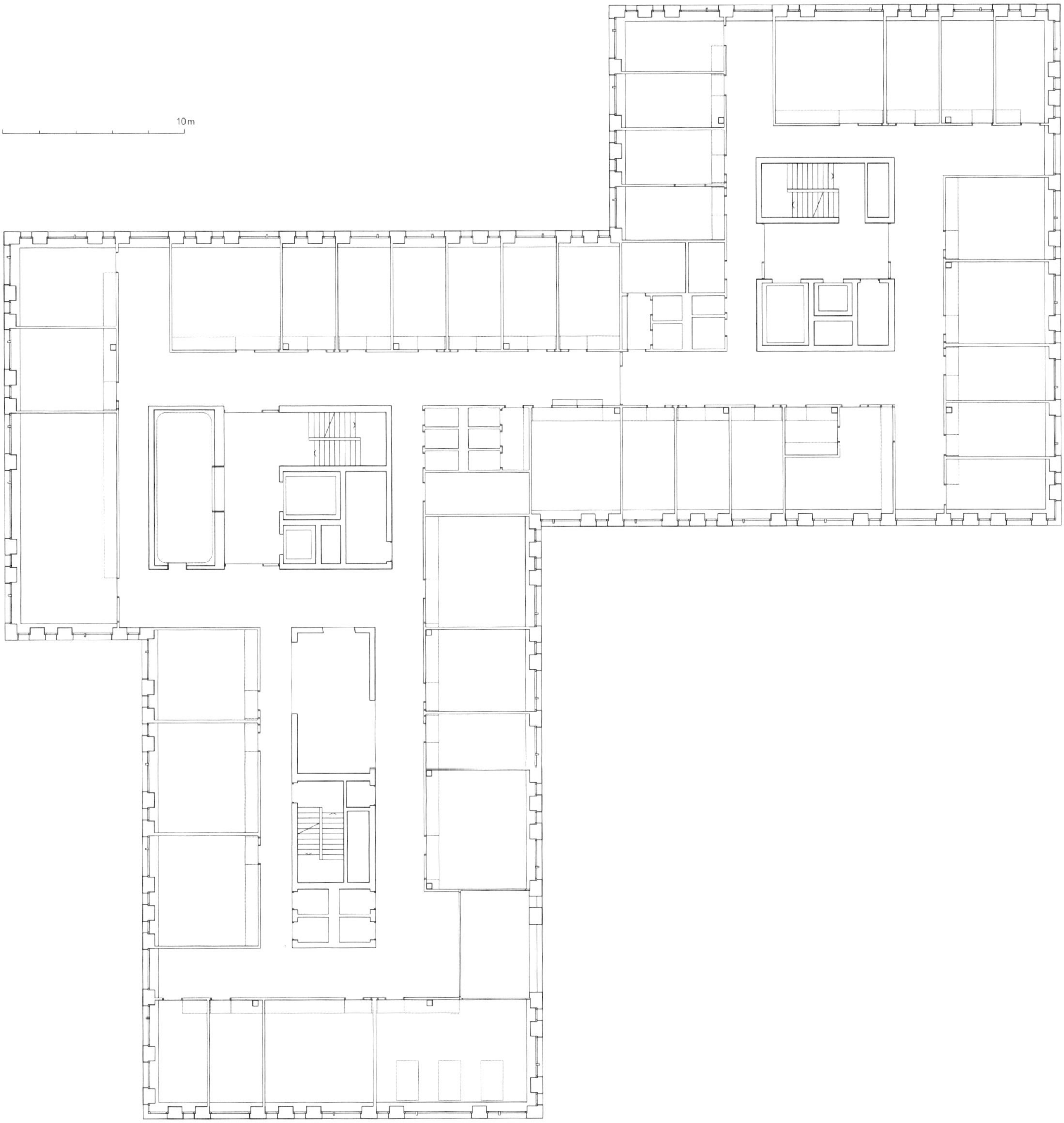
10 m

SCHULE FÜR GESTALTUNG UND HOCHSCHULE FÜR KUNST (EDHEA), SIDERS

Das Projekt setzt das derzeitige Industriegelände in Szene und ist für den neuen Schulcampus identitätsstiftend. Die räumlichen Qualitäten des Industriegebäudes werden hervorgehoben und ergeben einen qualitätvollen, repräsentativen Bereich. Diese innere Urbanität verbindet die verschiedenen Aktivitäten mit dem neuen Gebäude als Kontrapunkt, wobei der industrielle Geist den gesamten Komplex als roter Faden durchzieht. Die angepasste Neuinterpretation führt zu einem feinen, urbanen und zeitgenössischen Bau, der bis zum Ende des Bahnsteigs reicht und dessen Volumetrie an den Bestand anschliesst.

Der Vorplatz am Eingang zum neuen Gebäude befindet sich im Westen des Grundstücks. Dank der für die Studierenden umgewidmeten Bahnsteige und Depots wird der ehemalige Industriehof im Schutz der Bahngleise in einen zeitlosen Erholungsraum umgewandelt. Durch die doppelte Raumhöhe unter den Sheddächern gelangt natürliches Licht in den Gang unter dem Gebäude, der die Werkstätten aktiviert und den Park mit dem Vorplatz verbindet. Die Fassaden des neuen Campus spiegeln die Industriearchitektur wider und greifen einige charakteristische Elemente des vorhandenen Gebäudes auf. Sie bekunden eine neue Identität, wobei sie eine gemeinsame und harmonische Formensprache mit dem Bestand entwickeln.

SCHOOL OF DESIGN AND ART (EDHEA), SIERRE

The project showcases the current industrial site and creates an identity for the new campus of the School of Art and Design. The spatial qualities of the industrial building are emphasised and result in a high-quality, representative area. This inner urbanity links the various activities with the new building as a counterpoint, with the industrial spirit running through the entire complex as a common thread. The adapted reinterpretation results in a subtle, urban and contemporary building that extends to the end of the quay and whose volumetrics tie in with the existing building.

The square at the entrance to the new building is located to the west of the site. Thanks to the platforms and depots being repurposed for students, the former industrial yard is being transformed into a timeless recreational space shielded from the railway tracks. The double height of the rooms under the shed roofs allows natural light to enter the corridor under the building, which activates the workshops and connects the park with the entrance area. The façades of the new campus reflect the industrial architecture and take up some of the characteristic elements of the existing building. They express a new identity, developing a common and harmonious design language with the existing building.

Wettbewerb: 2022, Siegerprojekt
Ausführung: 2024–2026
Bauherrschaft: HES-SO Valais/Wallis
Statik: EDMS SA
Landschaftsarchitektur: P. Heyraud Sàrl

Competition: 2022, winning project
Construction: 2024–2026
Client: HES-SO Valais/Wallis
Civil engineer: EDMS SA
Landscape architecture: P. Heyraud Sàrl

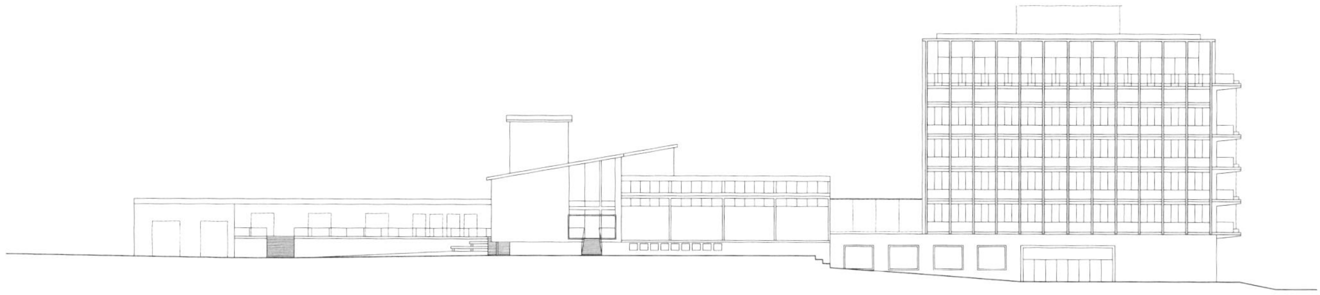

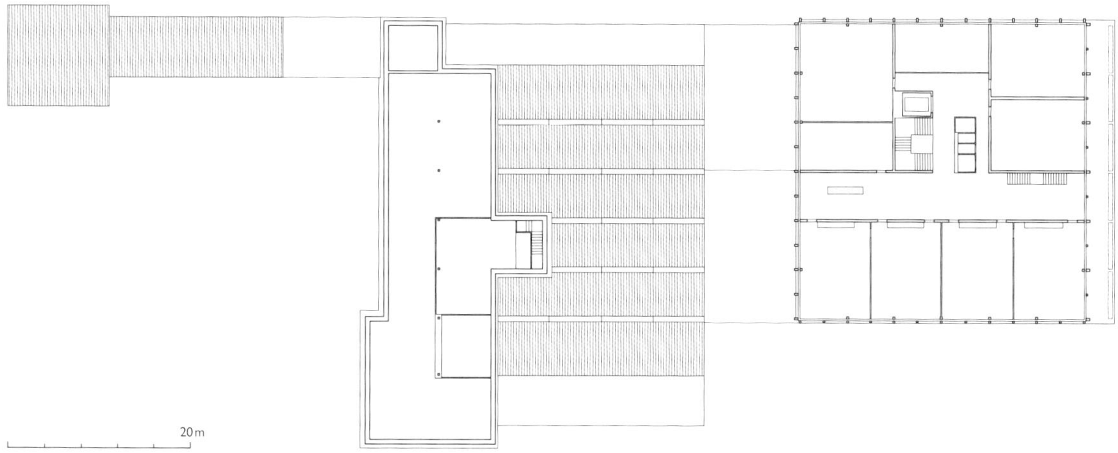

20 m

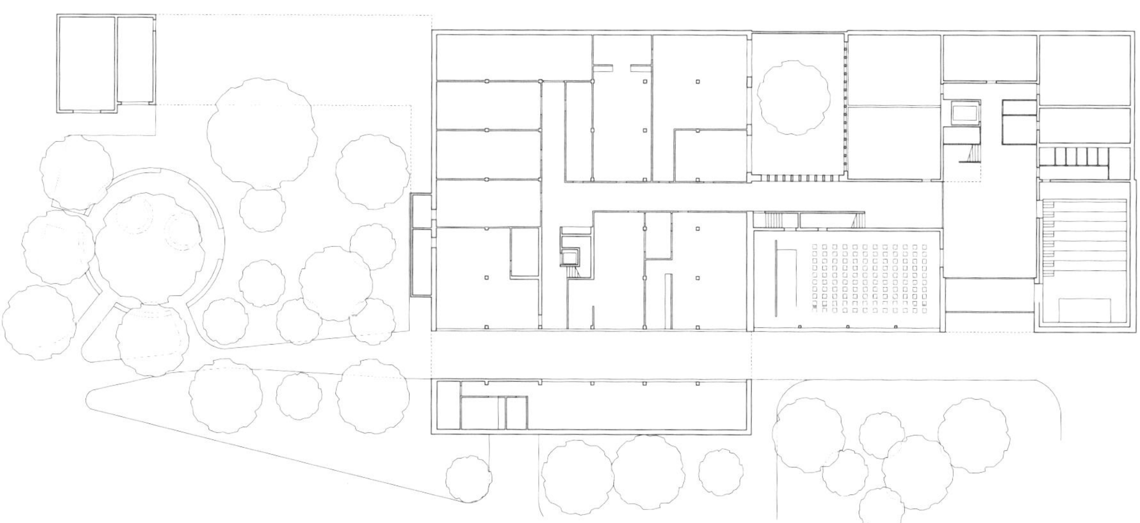

Castor & Pollux heissen die beiden Wohntürme, die aus einem Sockel mit Gewerbeflächen herausragen und eine wichtige Etappe bei der Umstrukturierung des Industriesektors Praille-Acacias-Vernets (PAV) darstellen. Sie bilden den Auftakt zu einer Gruppe von Hochhäusern, die das Viertel verdichten sollen, wobei ihre Höhe im Verhältnis zum Umfeld begrenzt ist.

Ein mit Bäumen bestandener und durch eine Einfriedungsmauer geschützter Eingangshof schafft einen Übergang zur Nachbarschaft. Diese Ruheoase in einem von industriellen Tätigkeiten geprägten Umfeld artikuliert eine mögliche, sanfte Überleitung zu einer wohnlicheren Umgebung. In diesem Kontext der Verdichtung konzentriert sich das Projekt auf eine vermehrte Anzahl von Aussenbereichen für die Bewohnerschaft. Ausser privaten Loggien enthält das Dach des Sockels mit den Gewerbeflächen einen Park mit Spielplätzen und Gemeinschaftsräumen. Auf der Spitze jedes Turms bietet eine Sommerküche mit Terrasse eine atemberaubende Aussicht für alle Bewohner und Bewohnerinnen.

Die strukturelle Strenge der Fassaden nimmt die funktionale Mischung des Projekts auf. Auch wenn die Architektur mit gross dimensionierten Öffnungen die industrielle Nüchternheit widerspiegelt, passt sie sich den Anforderungen an ein Wohnumfeld elegant an. Die ausgehöhlten Ecken und die aufgesetzten Strukturen lockern die Silhouette der Gebäude auf, während die Materialität der Backsteinfassaden die Philosophie der Vielfalt und der Koexistenz des Viertels wiedergibt.

Castor & Pollux are two residential towers rising from a base with commercial areas, marking a key stage in the process of transforming the Praille-Acacias-Vernets (PAV) industrial zone. They are the first of a constellation of high-rise buildings that are intended to densify the district, while keeping their height in line with the surrounding context.

An entrance courtyard planted with trees and protected by a perimeter wall provides a transition between the buildings and the neighbourhood. It is an oasis of tranquillity amid the surrounding industrial landscape, symbolising the potential for a shift towards a more residential atmosphere. In this context of densification, the project emphasises the creation of additional outdoor spaces for residents. In addition to private loggias, the roof of the base with the commercial areas contains a park with playgrounds and communal rooms. At the top of each tower is a summer kitchen with terrace, offering 360-degree views that all residents can enjoy.

The structural austerity of the façades absorbs the functional mix of the project. Although the architecture reflects the industrial rigour with large openings, it adapts elegantly to the requirements of the residential context. The hollowed-out corners and coping structures lighten the silhouette of the buildings, while the brick façades provide a materiality that resonates with the neighbourhood's philosophy of diversity and coexistence.

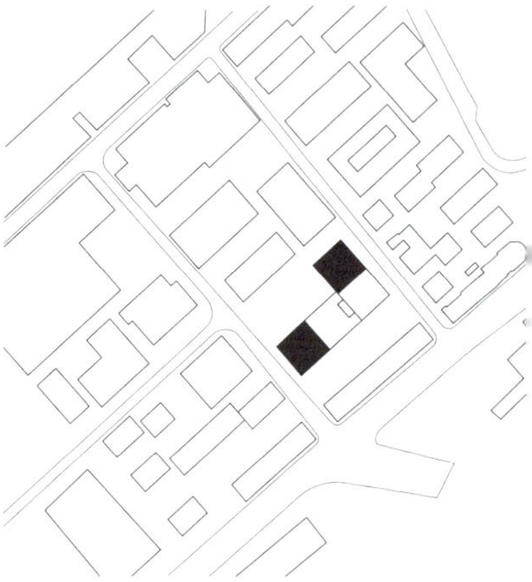

Wettbewerb: 2012, Siegerprojekt
Ausführung: 2025–2028
Bauherrschaft: Kanton Genf, Coopérative Les Ailes et Coopérative Les Joyeux Logis
Statik: Thomas Jundt SA
Landschaftsarchitektur: P. Heyraud Sàrl

Competition: 2012, winning project
Construction: 2025–2028
Client: Canton of Geneva, Coopérative Les Ailes and Coopérative Les Joyeux Logis
Civil engineer: Thomas Jundt SA
Landscape architecture: P. Heyraud Sàrl

15 m

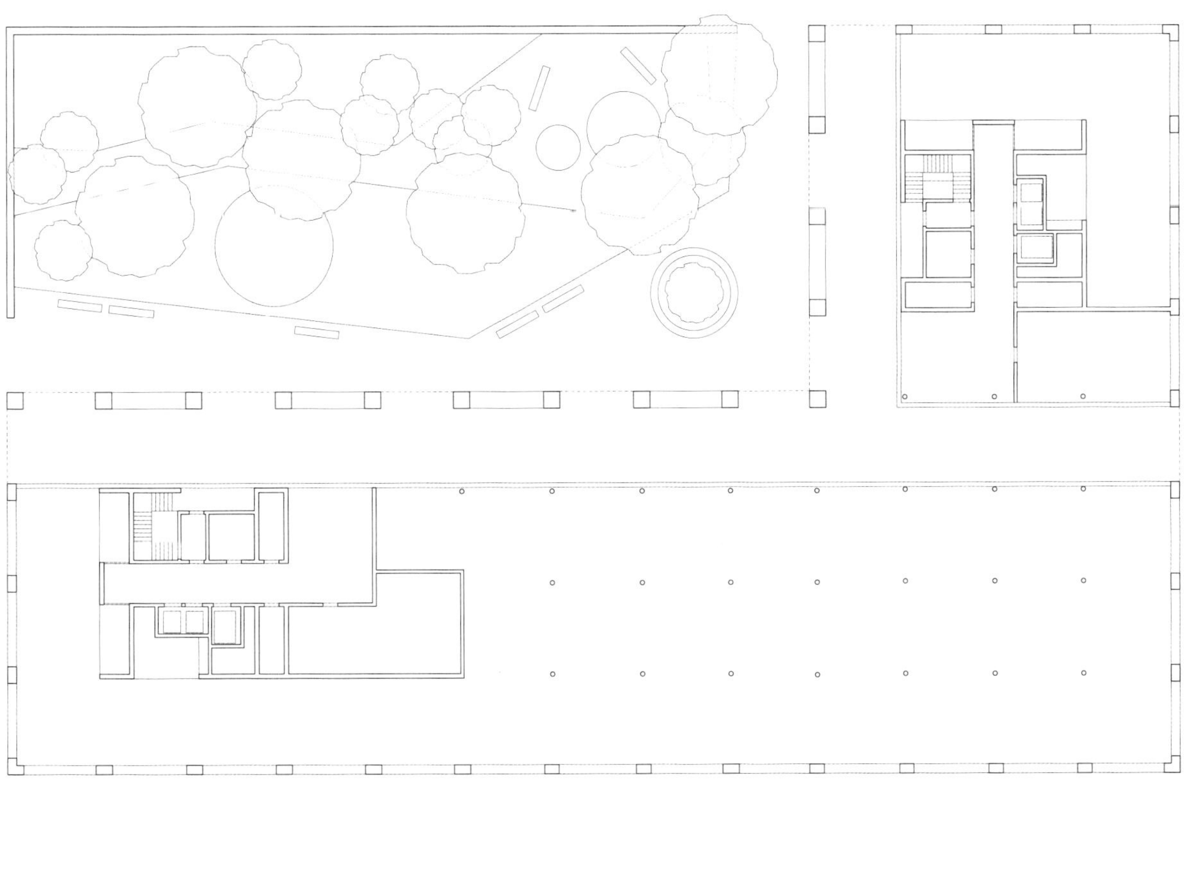

ORIENTIERUNGSSCHULE RENARD, GENF

LOWER SECONDARY SCHOOL RENARD, GENEVA

Im Norden des Grundstücks präsentiert sich der Bau kompakt und strahlenförmig, sodass sich auf dem Gelände ein ausgedehnter Park anlegen lässt. Die einspringenden Gebäudeecken begrenzen und rahmen die verschiedenen Bereiche in der Nähe der Schule. Diese nach mehreren Seiten ausgerichtete Gestaltung definiert verschiedene Öffnungen zur Landschaft und verstärkt die Verankerung der Einrichtung in ihrem Kontext, wie ein lebendiges Organ, das in das Herz des Viertels ausstrahlt.

Das Erdgeschoss ist fliessend um einen ausgedehnten Innenhof angeordnet und verbindet die vier Einheiten – Sport, Verwaltung, Auditorium und Mediathek. Einfach und spielerisch konzipierte Geschossgrundrisse bieten verschiedene Bereiche und vielfältige Perspektiven nach draussen, um eine intuitive Orientierung zu ermöglichen. In den oberen Geschossen ist der Innenhof grösser ausgebildet, damit die Verkehrsflächen in allen Etagen natürliches Licht in guter Qualität erhalten. Die verschachtelte Typologie des Projekts verknüpft die verschiedenen Programme mittels zahlreicher, gut verteilter Wege mit direkten Verbindungen, welche Abkürzungen zwischen den Geschossen schaffen und die Personenströme verringern.

To the north of the site, the building is compact and radiant, allowing an extensive park to be created on the site. The recessed corners of the building delimit and frame the various areas in the vicinity of the building. This multi-orientated design defines various openings to the landscape and reinforces the anchoring of the facility in its context, like a living organ radiating into the heart of the neighbourhood.

The ground floor is fluidly arranged around an extensive patio connecting the four units – sports, administration, auditorium and media centre. Simply and playfully designed floor plans offer different areas and a variety of perspectives to the outside to enable intuitive orientation. The upper floors have bigger patios so that the public areas on all floors get plenty of natural light. The nested typology of the project links the various programmes by means of numerous, well-distributed routes with direct connections that create shortcuts between the floors and reduce traffic flows.

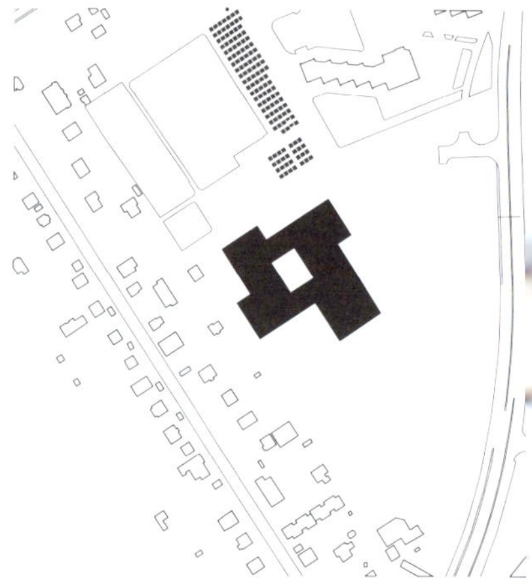

Wettbewerb: 2017, Siegerprojekt
Ausführung: 2026–2029
Bauherrschaft: Kanton Genf
Statik: ab ingénieurs SA
Landschaftsarchitektur: P. Heyraud Sàrl

Competition: 2017, winning project
Construction: 2026–2029
Client: Canton of Geneva
Civil engineer: ab ingénieurs SA
Landscape architecture: P. Heyraud Sàrl

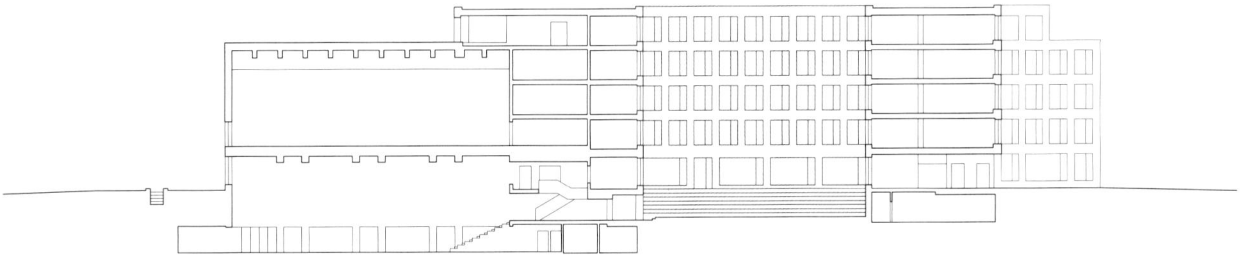

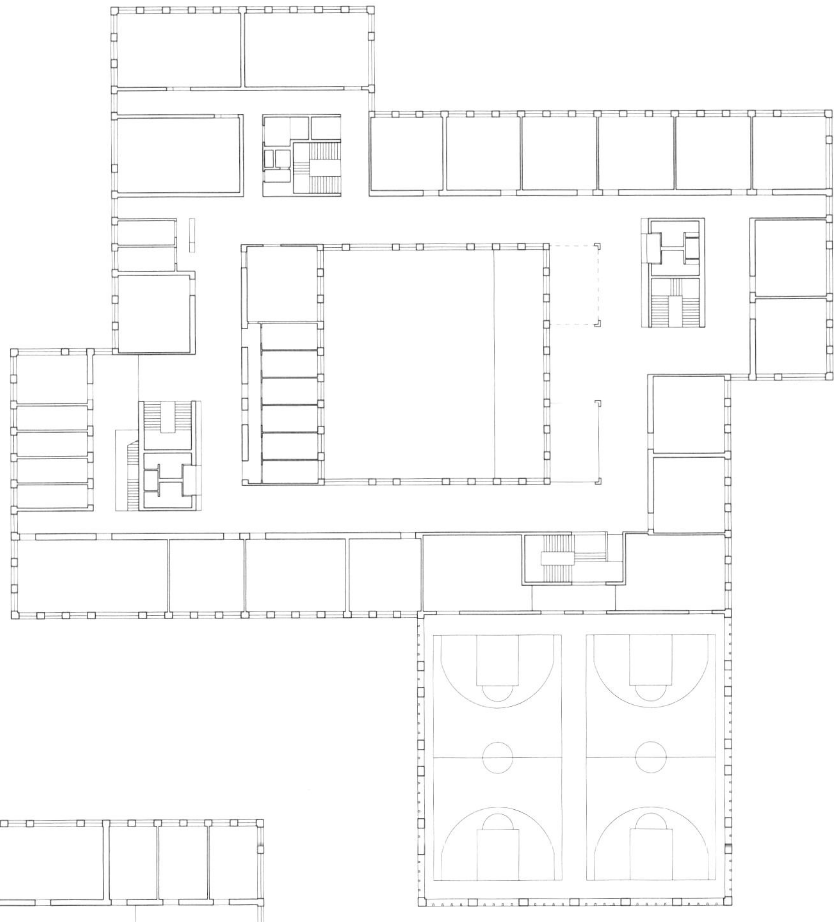

20 m

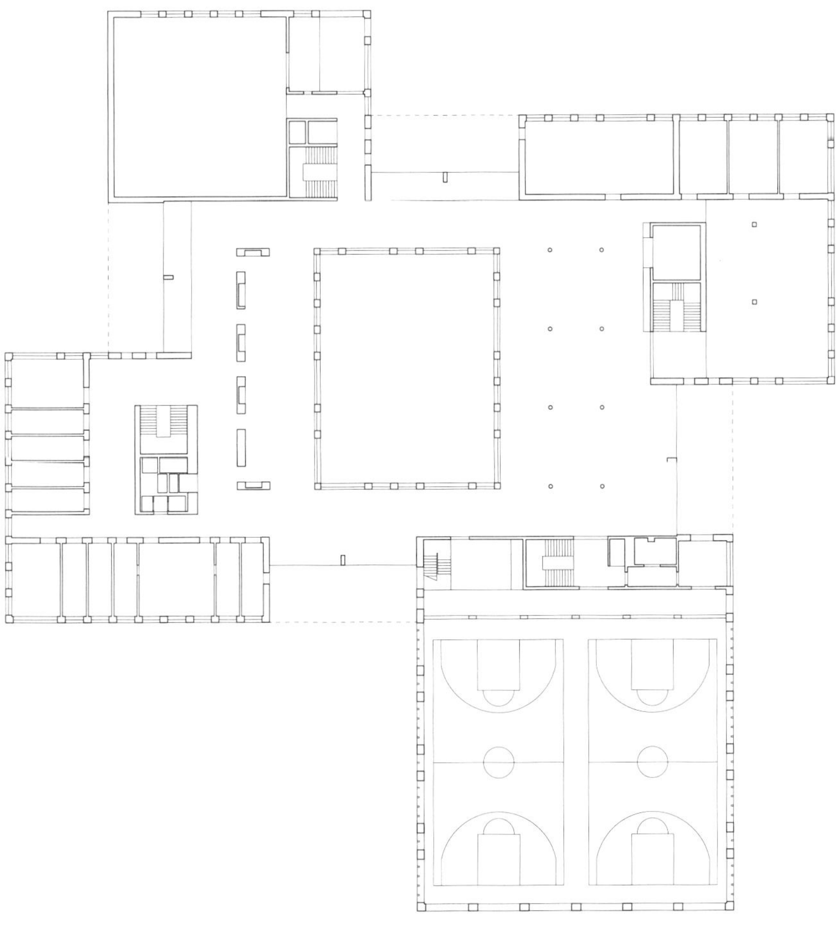

Am Dorfrand gelegen, wird das Projekt zur Erweiterung des Schulzentrums sowohl dem Ort als auch der Landschaft gerecht. Die drei neuen Gebäude setzen sich wie eine kleine Siedlung zusammen. Sie verlängern und ergänzen das System der wechselnden Bauten des bestehenden Schulzentrums. Der Komplex fügt sich harmonisch in die Topographie des Ortes ein und wertet das Schulgelände insgesamt auf.

Die von ausdrucksvollen Dächern geprägte Holzarchitektur verleiht dem Gebäudekomplex eine starke Identität. Sie schafft einen Dialog mit dem bestehenden Schulzentrum durch ihre Komposition, mit dem Festsaal durch die Ausrichtung ihrer Dächer und mit den umliegenden Bergen durch ihre gefaltete Silhouette. Dies ergibt eine entspannte Architektur, die mit der Landschaft harmoniert, auf Umweltbelange achtet und so die Einzigartigkeit dieses neuen Komplexes unterstreicht.

Die Aussenbereiche verstärken die identitätsstiftende Gestaltung der Gebäude, wobei die Durchlässigkeit der Böden besondere Beachtung erfährt. Hinzu kommen weitere Ausblicke und Blickwinkel, während die Wege die vorhandenen und zukünftigen Gebäude wohlausgewogen miteinander verbinden. Mehrere Mauern betonen diese Wegeführung. Sie bieten Komfort und Schutz für die Vorplätze und Wege, markieren gleichzeitig das charakteristische Gefälle des Geländes und erinnern an die Weinbaugeschichte des Ortes.

Located on the edge of the village, the project to expand the school centre does justice to both the location and the landscape. The three new buildings are organised like a hamlet. They extend and complement the system of changing buildings of the existing school centre. The complex blends harmoniously into the topography of the site and enhances the school campus as a whole.

The wooden architecture, characterised by expressive roofs, gives the building complex a strong identity. It establishes a dialogue with the existing school centre through its composition, with the ceremonial hall through the orientation of its roofs and with the surrounding mountains through its folded silhouette. The outcome is an architecture that exudes tranquillity, harmonising with the landscape while being attentive to environmental issues, thereby affirming the uniqueness of this new entity.

The outdoor areas reinforce the identity created by the design of the buildings, with particular attention paid to the permeability of the floors. Further views and perspectives are added, while the paths connect the existing and future buildings in a well-balanced way. Several walls emphasise these pathways. They provide comfort and protection for the forecourts and paths, while at the same time marking the characteristic slope of the terrain and recalling the viticultural history of the site.

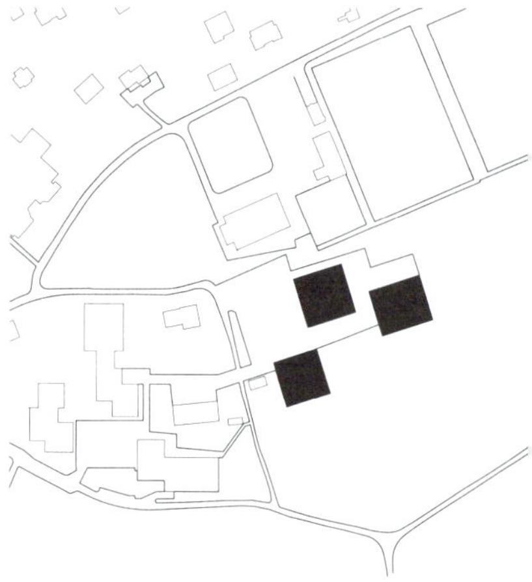

Wettbewerb: 2024, Siegerprojekt
Ausführung: 2026–2028
Bauherrschaft: Gemeinde Safiesch, VS
Statik: EDMS SA
Landschaftsarchitektur: P. Heyraud Sàrl

Competition: 2024, winning project
Construction: 2026–2028
Client: Commune of Savièse, VS
Civil engineer: EDMS SA
Landscape architecture: P. Heyraud Sàrl

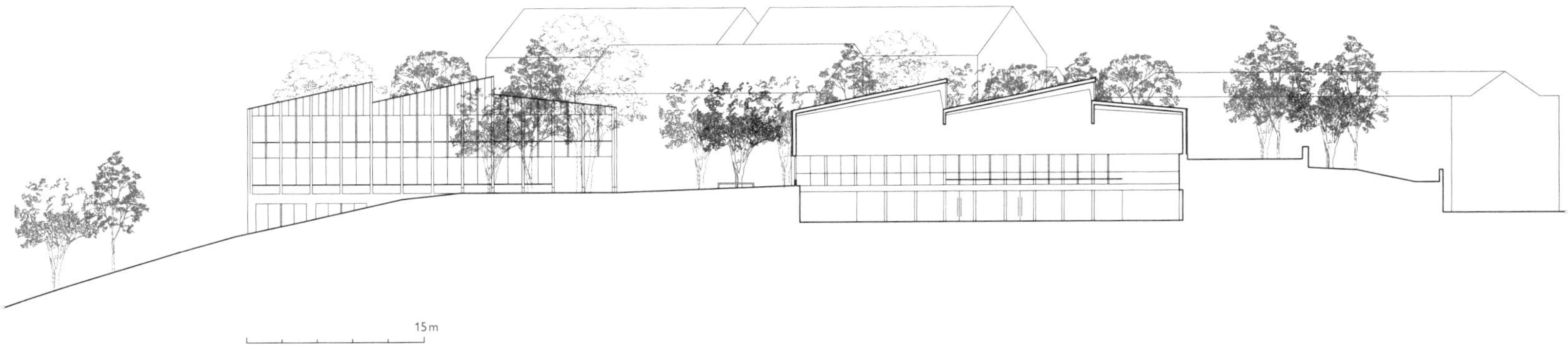
15 m

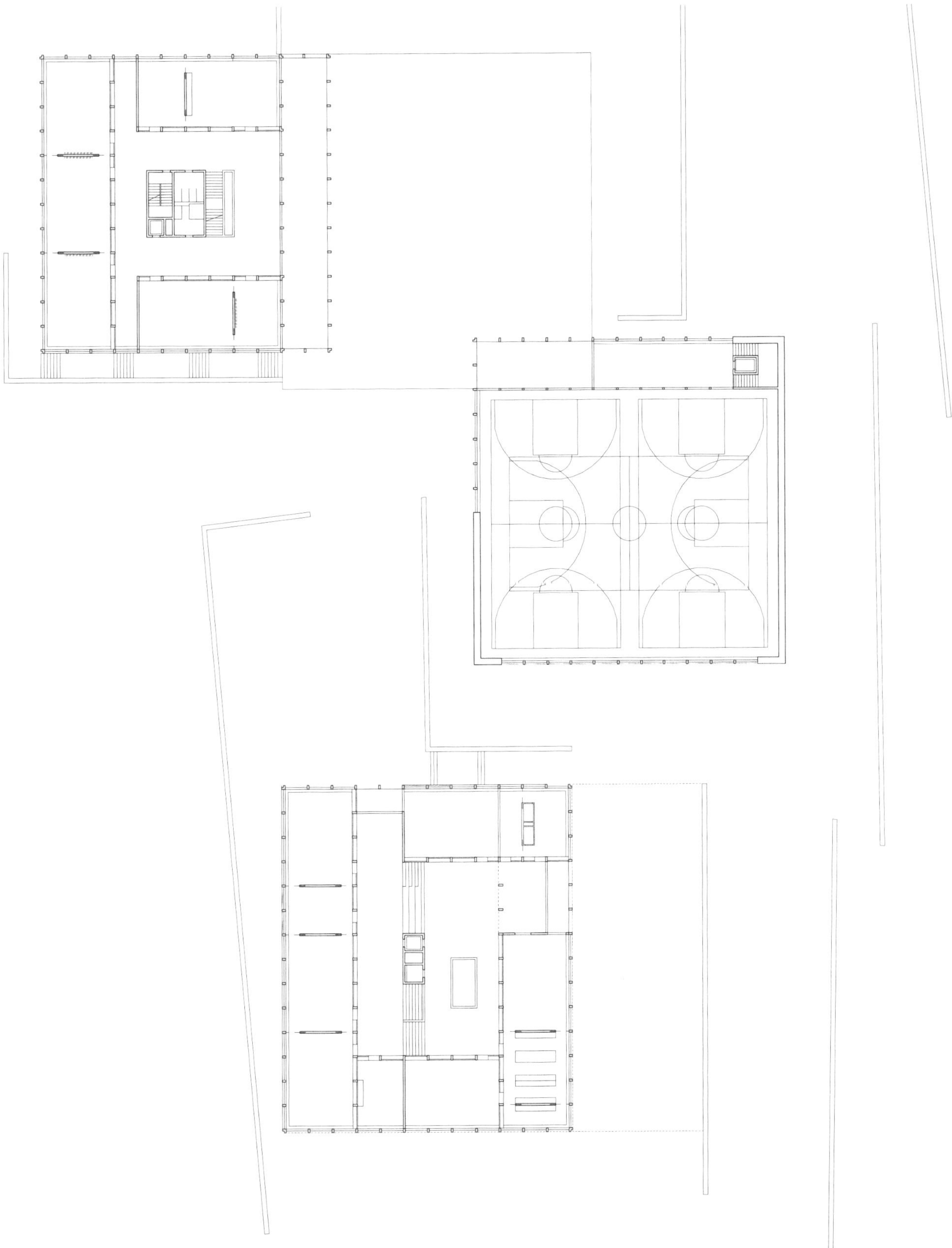

WERKVERZEICHNIS
Auswahl realisierter Bauten

2001	1	Kindertagesstätte, Lancy (Wettbewerb 1999, Siegerprojekt)
2004	2	Sozialwohnungen Mitant-des-Camps 1. Bauabschnitt, La Louvière, Belgien (mit v-architekten; Wettbewerb Europan 5 1999, Siegerprojekt)
2006		Inneneinrichtung einer Privatbank, Genf (mit SRA Architectes)
		Schule Petit-Lancy, Primarschule mit Kinderhort, Sporthalle und Modernisierung der alten Schule, Lancy (Wettbewerb 1999, Siegerprojekt)
2008	3	Haus M, Onex
2009		Sozialwohnungen Mitant-des-Camps 2. Bauabschnitt, La Louvière, Belgien
		Haus F, Modernisierung und Erweiterung, Onex
		Haus V, Modernisierung eines Dorfhauses, Vernier
	4	Wohngebäude Petit-Montfleury, Versoix
	5	Modernisierung der Fassaden des Gebäudes, in dem Unicef, Aga Khan, die israelische Mission und die kenianische Botschaft untergebracht sind, Genf (mit SRA Architectes)
2010	6	Schulrestaurant Cérésole, Lancy
	7	2 Wohngebäude Les Hauts de Beaumont, Lausanne
2013		Haus M2, Erweiterung, Onex
2015		Gebäude mit Wohnungen, Gewerbeflächen und öffentlichem Park, Les Communailles, Onex (Wettbewerb 2008, Siegerprojekt)
2016		Modernisierung und Erweiterung des Gemeindesaals von Petit-Lancy, Lancy
		Schule Le-Sapay, Primarschule mit Schulrestaurant, ausserschulischen Einrichtungen, Musik- und Vereinsräumen, Sporthalle und Schwimmbad, Plan-les-Ouates (Wettbewerb 2009, Siegerprojekt)
	8	Haus G, Dorfhaus, Onex
2017		Jardin Robinson, Betreuungseinrichtung für Kinder, Meyrin
	9	Wohnüberbauung Les Palettes 29–31, Lancy
2018		Haus F2, Erweiterung, Onex
2019	10	Wohngebäude Marbriers 2, Wohnungen für Familien und ältere Menschen, Lancy (Wettbewerb 2014, Siegerprojekt)
2021		Schule Belle-Terre, Primarschule mit inklusiver Schule, Schulrestaurant, ausserschulischen Einrichtungen, Musikräume, Dojo und Dreifachsporthalle, Thônex (Wettbewerb 2015, Siegerprojekt)
		Schule du Plateau, Primarschule mit inklusiver Schule, Schulrestaurant, ausserschulischen Einrichtungen und Turnhalle, Lancy (Wettbewerb 2017, Siegerprojekt)
2023		Wohngebäude Clair-Val, Wohnungen für Familien und ältere Menschen mit Kinderkrippe, Pflegeräumen und Jugendheim, Thônex (Wettbewerb 2012, Siegerprojekt)
		Maison de l'Enfance et de l'Adolescence (MEA), Psychiatrisches Krankenhaus des Universitätsspitals Genf (HUG), Genf (Wettbewerb 2017, Siegerprojekt)

Laufende Projekte:
Wohntürme La Marbrerie, Industriesektor Praille Acacias Vernets (PAV), Carouge (Wettbewerb 2012, Siegerprojekt)
Wohnüberbauung Les Palettes 5–13, Lancy
Orientierungsschule Renard, Vernier (Wettbewerb 2018, Siegerprojekt)
Wohngebäude Agasse, Genf
Erweiterung B3 des Krankenhauses de La Tour, Meyrin (mit tlr architecture und Arte Charpentier, Wettbewerb 2023, Siegerprojekt)
Schule École de Design et Haute École d'Art (EDHEA) sowie École de Couture, Siders (Wettbewerb 2022, Siegerprojekt)
Schule Moréchon, Safiesch (Wettbewerb 2024, Siegerprojekt)

1

2

3

4

5

6

7

8

9

10

LIST OF WORKS

Selection of buildings, projects and competitions

2001	1	Nursery, Lancy (competition 1999, winning project)
2004	2	Mitant-des-Camps 1st stage social housing, La Louvière, Belgium (with v-architekten; Europan 5 competition 1999, winning project)
2006		Interior design for a private bank, Geneva (with SRA Architectes)
		Petit-Lancy School, primary school with nursery, sports hall and renovation of the old school, Lancy (competition 1999, winning project)
2008	3	M House, Onex
2009		Mitant-des-Camps social housing, 2nd stage, La Louvière, Belgium
		F House, renovation and extension, Onex
		V House, renovation of a village house, Vernier
	4	Petit-Montfleury residential buildings, Versoix
	5	Renovation, façades of the building for Unicef, the Aga Khan, the Israeli mission and the Kenyan embassy, Geneva (with SRA Architectes)
2010	6	Cérésole school restaurant, Lancy
	7	2 residential buildings, Les Hauts de Beaumont, Lausanne
2013		M2 House, extension, Onex
2015		Residential building, communal spaces and public park, Les Communailles, Onex (competition 2008, winning project)
2016		Renovation and extension,Petit-Lancy Town Hall, Lancy
		Le-Sapay School, primary school with restaurant, extracurricular facilities, music and social facilities, sports hall and swimming pool, Plan-les-Ouates (competition 2009, winning project)
	8	G House, village house, Onex
2017		Robinson Garden, childcare facility, Meyrin
	9	Elevation, residential buildings, Les Palettes 29–31, Lancy
2018		F2 House, extension, Onex
2019	10	Marbriers 2 buildings, housing for families and the elderly, Lancy (competition 2014, winning project)
2021		Belle-Terre School, primary school with inclusive school, restaurant, extracurricular facilities, music rooms, dojo and triple sports hall, Thônex (competition 2015, winning project)
		Plateau School, primary school with inclusive school, restaurant, extracurricular facilities and gymnasium, Lancy (competition 2017, winning project)
2023		Clair-Val buildings, family and senior housing with crèche, care facilities and youth club, Thônex (competition 2012, winning project)
		Maison de l'Enfance et de l'Adolescence (MEA), psychiatric hospital of the Geneva University Hospitals (HUG), Geneva (competition 2017, winning project)

Ongoing projects:

Tours de la Marbrerie, Secteur Praille Acacias Vernets (PAV), Carouge (competition 2012, winning project)

Elevation, residential buildings Les Palettes 5–13, Lancy

Lower Secondary School Renard, Vernier (competition 2018, winning project)

Agasse residential buildings, Geneva

Extension B3, Hospital de La Tour, Meyrin (with tlr architecture and Arte Charpentier, competition 2023, winning project)

School of Design and Art (EDHEA), Sierre (competition 2022, winning project)

Moréchon School, Savièse (competition 2024, winning project)

ARCHITEKTURWETTBEWERBE
Auswahl

1994		Wettbewerb Shinkenchiku Residential (mit A. Vitale), Japan, Erwähnung
1999		Wettbewerb Sekundarschule Collège des Alpes (mit L. Meylan und R. Frauenfelder), Pully, 2. Preis
		Wettbewerb Wohnungen Europan 5 (mit T. Denninger und T. Haramura), La Louvière (B), Siegerprojekt
		Wettbewerb Schule École de la Villa Thérèse, Freiburg, 7. Preis
		Wettbewerb Schulzentrum Petit-Lancy, Lancy, Siegerprojekt
2000		Wettbewerb Wartungszentrum CeRn, Bursins, 2. Preis
2002		Wettbewerb Schulzentrum Cressy, Confignon, 3. Preis
		Wettbewerb Kindertagesstätte und Park in Saint-Jean, Genf, 4. Rang
		Wettbewerb Ingenieurschule EIVD, Yverdon, 3. Preis
2003	1	Wettbewerb Psychiatrisches Krankenhaus, Prangins, 5. Preis
		Wettbewerb Orientierungsschule Seymaz, Genf, 2. Preis
		Wettbewerb Schule École allemande, Genf, 2. Preis
		Wettbewerb Gemeindesaal, Troinex, Erwähnung
2004		Wettbewerb Orientierungsschule Drize, Genf, 3. Rang
		Wettbewerb Espace-Place und öffentliches Parken (mit BLSA architectes), Meyrin, Siegerprojekt
2005		Parallele Studienaufträge Städtebau Stand Saint-Georges, Genf, Siegerprojekt
		Wettbewerb Schule Haute École de Gestion de Battelle, Genf, 3. Preis
2006		Parallele Studienaufträge Städtebau, Industriezone Rosemont, Genf, Siegerprojekt
2007		Wettbewerb Manufaktur Villemont, Meyrin, Siegerprojekt
		Wettbewerb Soziale Einrichtungen und Wohnungen, Perly, 3. Preis
2008		Wettbewerb Wohnungen Les Communailles, Onex, Siegerprojekt
		Wettbewerb Grand-Salève, Veyrier, 2. Rang
		Wettbewerb Schule Vigne-Rouge, Carouge, 5. Preis
	2	Wettbewerb Ethnografisches Museum, Genf, 3. Preis
2009		Wettbewerb Ökoquartier Jonction, Genf, 4. Preis
	3	Wettbewerb Verwaltungsgebäude, Lancy, 2. Preis
		Wettbewerb Schule Le-Sapay, Plan-les-Ouates, Siegerprojekt
		Wettbewerb Place des Ormeaux, Lancy, 2. Preis
2010		Wettbewerb Biotechnologisches Zentrum, Plan-les-Ouates, 4. Preis
2011		Wettbewerb Wohnungen Edmond-Vaucher 19, Vernier, 2. Preis
2012		Wettbewerb Wohnungen Clair-Val, Thônex, Siegerprojekt
	4	Wettbewerb Wohnungen Les Grands-Hutins, Céligny, 2. Rang
		Wettbewerb PAV Marbrerie 13, Carouge, Siegerprojekt
2014		Wettbewerb Marbriers 2, Lancy, Siegerprojekt
		Wettbewerb Concorde Secteur L, Vernier, 4. Preis
2015		Wettbewerb Schule École Belle-Terre, Thônex, Siegerprojekt
		Wettbewerb Wohnungen Chêne-Bourg A, Genf, 5. Preis
2016		Wettbewerb Wohnungen Les Grands-Esserts, Veyrier, 4. Preis
2017		Wettbewerb Grand Morillon, Genf, 3. Rang
		Wettbewerb Haus für Kinder und Jugendliche, HUG, Genf, Siegerprojekt
		Wettbewerb Schule Du Plateau Saint-Georges, Lancy, Siegerprojekt
2018		Wettbewerb Orientierungsschule Renard, Vernier, Siegerprojekt
		Wettbewerb Wohnungen La Bâtie, Lancy, 3. Preis
2020		Wettbewerb Wohnungen Coulouvrenière 1, Genf, 2. Rang
	5	Wettbewerb Wohnungen Acacias-Revilliod (mit Aeby Perneger), Genf, 2. Preis
2021	6	Wettbewerb Sekundarschule Collège principal de Pully, 3. Preis
	7	Parallele Studienaufträge Schulzentrum (mit Altorfer Bon Architectes), Romont, Finalist
	8	Wettbewerb Medizinisch-Soziales-Zentrum Castel Notre-Dame, Martigny, 6. Preis
		Wettbewerb Champs-Fréchets, Meyrin, 3. Preis
2022	9	Schule Grands-Esserts, Veyrier, 2. Preis
		Parallele Studienaufträge Sekundarschule Collège de La Gracieuse (mit Altorfer Bon Architectes), Morges, Finalist
		Wettbewerb Gesundheitszentrum Rolliet, Plan-les-Ouates, Finalist
		Wettbewerb Schule École de Design und Haute École d'Art (EDHEA), Siders, Siegerprojekt
2023		Wettbewerb Erweiterung B3 des Krankenhauses de La Tour, Meyrin, (mit tlr architecture und Arte Charpentier) Siegerprojekt
		Parallele Studienaufträge Sekundarschule Collège de La Combe (mit Altorfer Bon Architectes), Lutry, Finalist
	10	Wettbewerb Schule École Le Foron, Thônex, 2. Preis
2024		Wettbewerb Schule Moréchon, Safiesch, Siegerprojekt

1

2

3

4

5

6

7

8

9

10

ARCHITECTURAL COMPETITIONS
Selection

1994		Competition, Shinkenchiku Residential (with A. Vitale), Japan, mention
1999		Competition, Collège des Alpes (with L. Meylan and R. Frauenfelder), Pully, 2nd Prize
		Competition, Europan 5 Housing (with T. Denninger and T. Haramura), La Louvière (B), winning project
		Competition, Villa Thérèse School, Fribourg, 7th Prize
		Competition, Petit-Lancy School Centre, Lancy, winning project
2000		Competition, CeRN Maintenance Centre, Bursins, 2nd Prize
2002		Competition, Cressy School Centre, Confignon, 3rd Prize
		Competition, crèche and park in Saint-Jean, Geneva, 4th Place
		Competition, EIVD engineering school, Yverdon, 3rd Prize
2003	1	Competition, Psychiatric Hospital, Prangins, 5th Prize
		Competition, Lower Secondary School Seymaz, Geneva, 2nd Prize
		Competition, German School, Geneva, 2nd Prize
		Competition, Town Hall, Troinex, mention
2004		Competition, Lower Secondary School Drize, Geneva, 3rd Place
		Competition, Espace-Place and public car park (with BLSA architects), Meyrin, winning project
2005		Parallel urban planning study contracts, Stand Saint-Georges, Geneva, winning project
		Competition, School of Management, Geneva, 3rd Prize
2006		Parallel urban planning study contracts, Rosemont industrial zone, Geneva, winning project
2007		Competition, Villemont Manufacture, Meyrin, winning project
		Competition, social facilities and housing, Perly, 3rd Prize
2008		Competition, Les Communailles building, Onex, winning project
		Competition, Grand-Salève, Veyrier, 2nd Prize
		Competition, Vigne-Rouge School, Carouge, 5th Prize
	2	Competition, Museum of Ethnography, Geneva, 3rd Prize
2009		Competition, Jonction eco-neighbourhood, Geneva, 4th Prize
	3	Competition, administrative building, Lancy, 2nd Prize
		Competition, Le-Sapay School, Plan-les-Ouates, winning project
		Competition, Place des Ormeaux, Lancy, 2nd Prize
2010		Competition, Biotechnology Centre, Plan-les-Ouates, 4th Prize
2011		Competition, Edmond-Vaucher 19 housing, Vernier, 2nd Prize
2012		Competition, Clair-Val buildings, Thônex, winning project
	4	Competition, Les Grands-Hutins housing, Céligny, 2nd Place
		Competition, PAV Marbrerie 13, Carouge, winning project
2014		Competition, Marbriers 2, Lancy, winning project
		Competition, Concorde Secteur L, Vernier, 4th Prize
2015		Competition, Belle-Terre School, Thônex, winning project
		Competition, Chêne-Bourg A housing, Geneva, 5th Prize
2016		Competition, Les Grands-Esserts housing, Veyrier, 4th Prize
2017		Competition, Grand Morillon, Geneva, 3rd Place
		Competition, Maison de l'Enfance et de l'Adolescence, HUG, Geneva, winning project
		Competition, Plateau School Saint-Georges, Lancy, winning project
2018		Competition, Lower Secondary School Renard, Vernier, winning project
		Competition, La Bâtie housing, Lancy, 3rd Prize
2020		Competition, Coulouvrenière 1 housing, Geneva, 2nd Place
	5	Competition, Acacias-Revilliod housing (with Aeby Perneger), Geneva, 2nd Prize
2021	6	Competition, Secondary School Pully, 3rd Prize
	7	Parallel study contracts, School centre (with Altorfer Bon Architectes), Romont, finalist
	8	Competition, EMS Castel Notre-Dame, Martigny, 6th Prize
		Competition, Champs-Fréchets heightening, Meyrin, 3rd Prize
2022	9	Grands-Esserts School, Veyrier, 2nd Prize
		Parallel study contracts, Secondary School de La Gracieuse (with Altorfer Bon Architectes), Morges, finalist
		Competition, Rolliet Health Centre, Plan-les-Ouates, finalist
		Competition, School of Design and Art (EDHEA), Sierre, winning project
2023		Competition, extension B3 of the Hospital de La Tour, Meyrin (with tlr architecture and Arte Charpentier), winning project
		Parallel study contracts, Secondary School de La Combe (with Altorfer Bon Architectes), Lutry, finalist
	10	Competition, Le Foron School, Thônex, 2nd Prize
2024		Competition, Moréchon School, Savièse, winning project

DAMIEN CHEVALLEY VALENZA

1967	Geboren in Genf
1994	Architekturdiplom an der École d'Architecture de l'Université de Genève (EAUG)
1999	Gründung von CLR architectes zusammen mit Patrick Longchamp und Gilbert Russbach
2000	Mitglied Schweizerischer Ingenieur- und Architektenverein (SIA)
2004–	Mitglied Bund Schweizer Architektinnen und Architekten (BSA)
2013–	Verschiedene Jurys bei Architekturwettbewerben und Studienaufträge
2016–	Ateliers du Logement, Kanton Genf
2017–	Mitglied Genfer Architektenvereinigung (AGA)

PATRICK LONGCHAMP

1970	Geboren in Lausanne
1992	Architekturdiplom an der École d'Ingénieurs de Genève (HES)
1995	Post-Master in Architektur (M.Arch), The Berlage Institute Amsterdam
1999	Gründung von CLR architectes zusammen mit Damien Chevalley und Gilbert Russbach
2001–	Verschiedene Jurys bei Architekturwettbewerben (darunter Europan 6 und Europan 9)
2003–	Verschiedene Jurys bei Architekturdiplomen der HES-SO, Experte für Joint Master-Diplome in Architektur, Genf
2004–	Mitglied Bund Schweizer Architektinnen und Architekten (BSA)
2005–2015	Sachverständigenmitglied Rat Master HES-SO, Joint Master in Architektur
2017–	Mitglied Genfer Architektenvereinigung (AGA)
2022–	Vizevorsitzender Centre d'édition contemporaine (CEC), Genf
2023–	Präsident Bund Schweizer Architektinnen und Architekten (BSA), Ortsgruppe Genf

VÉRONIQUE ITEN

1981	Geboren in Genf
2005	Architekturdiplom an der Haute école spécialisée de Suisse occidentale (HES-SO), Genf
2006–2007	Mitarbeiterin Architekturbüro Pascale Lorenz, Genf
2007–2015	Mitarbeiterin Architekturbüro Christian Dupraz, Genf
2016–	Mitarbeiterin CLR architectes
2020–	Partnerin CLR architectes
	Verschiedene Jurys bei Bachelor-Architekturdiplomen HES-SO, Genf

SANTIAGO WEIDELI

1970	Geboren in Genf
1997	Architekturdiplom an der École d'Architecture de l'Université de Genève (EAUG)
1998–2001	Mitarbeiter Architekturbüro Anderegg & Rinaldi, Genf
2001–2005	Mitarbeiter Architekturbüro AUA Lorenzo Lotti, Genf
2005–	Mitarbeiter CLR architectes
2020–	Partner CLR architectes

MITARBEITENDE

Aktuelle	Sandra Briner, Sébastien Burcher, Cajatan Capeder, Ganesha Desarzens, Alyssia Dorenbos, Maxime Gaillard, Marc Glaus, Laurent Meylan, Hanh Nguyen, Fabien Peter, Vincent Robert-Charrue, Rémi Soulard
Ehemalige	Matthias Aebersold, Julie Allémann, Nina Alves, Alix Anderegg, Florian Anichini, Danilo Antonijevic, Anjéla Aubert, Carole Caner, Filipa Carvalho, Pascale Durgnat, Benjamin Guyot, Marc Haller, Jürg Hodel, Jennifer Howald, Lorraine Knoerle, Andrea Lombardo, Alicia Lonca, Nadège Manuard, David Meier, Kevin Primat, Guillaume Rey, Tilman Schoettler, Johan Sunier, Kristina Sylla, Marie Torrione, Enrico Venuda, Antonella Vitali
Ehemaliger Partner	Gilbert Russbach (von 1999 bis 2019)

BIBLIOGRAPHIE

1995	Patrick Longchamp, «Ambiguïtés bienvenues», in: *Archimade*, Nr. 50, S. 36–37
1996	Patrick Longchamp, «Welcome ambiguities», in: The Berlage cahiers 4, *Reflexivity*, S. 122–123
	Patrick Longchamp und Jacques Pena, «Pour plus de matière entre technique et confort», in: *Revue technique suisse*, Nr. 3, S. 14–15
2001	Patrick Longchamp, Ausstellungskurator, Vorwort zur Ausstellung *Nouvelle architecture suisse romande?*
2004	Gilbert Russbach, «Villa à Nyon par Andrea Bassi architecte», in: *FACES Journal d'architecture*, Nr. 54, S. 54–55
	Andrea Bassi, «Salle omnisports au Petit-Lancy par CLR architectes», in: *FACES Journal d'architecture*, Nr. 54, S. 60–61
2012	«Nouvelle peau pour l'UNICEF», in: *Tribune de Genève et 24H Immobilier*, 14. Februar, S. 4
	13, Monographie CLR architectes 1999–2012, Genf
	«Des tours de 15 étages: le futur visage de la Praille», in: *Tribune de Genève*, 20. April, S. 1 und 3
	«Le secteur PAV dévoile ses premières tours», in: *Le Temps*, 21. April
2016	«Un Tetris architectural à Onex», in: *Tribune de Genève*, 20.–21. August, S. 8
2018	«Une école pavillonnaire au cœur du quartier de la Chapelle-les-Sciers», in: *Tribune de Genève*, 27. Januar
	«Le nouveau Renard pourra accueillir 900 élèves», in: *Tribune de Genève*, 19. April, S. 8
	Tours de Lancy Jean-Marc Lamunière, Patrick Longchamp, *Ensembles urbains 15*, BSA Genf
2020	Patrick Longchamp, «Sensibilités urbaines», in: *Interface*, Nr. 32, S. 20–23
2021	Patrick Longchamp, «Les espaces de transition», in: *Ensembles d'écrits*, Nr. 1, S. 58–69
2022	Rinny Gremaud, «La cité des enfants soignés», in: *T, Le Magazine du Temps*, 5. November, S. 40–43
	Bruno Marchand, *PRELCO. L'art de la préfabrication*, Gollion
2024	Nathan Benarroch, «Comme à la maison», in: *Tracés*, Nr. 3546, S. 39–43

RAFAEL GOMEZ-MORIANA (TEXTBEITRAG)

Architekt, Dozent und Kritiker, studierte Architektur an der University of Waterloo (Kanada) und am Berlage Institute Amsterdam (NL). Er leitet das Barcelona-Programm der School of Architecture, Planning and Landscape der University of Calgary und schreibt für Zeitschriften wie *The Architectural Review*, *Bauwelt* und *Detail*.

DAMIEN CHEVALLEY VALENZA

1967	Born in Geneva
1994	Diploma in Architecture, University of Geneva School of Architecture (EAUG)
1999	Founded CLR architectes with Patrick Longchamp and Gilbert Russbach
2000	Member, Swiss Society of Engineers and Architects (SIA)
2004–	Member, Federation of Swiss Architects (FSA)
2013–	Various architectural competition juries and parallel study contracts
2016–	Housing workshops, Canton of Geneva
2017–	Member, Geneva Association of Architects (AGA)

PATRICK LONGCHAMP

1970	Born in Lausanne
1992	Diploma in Architecture (HES), Geneva School of Engineering
1995	Postgraduate master's degree in Architecture (M.Arch), The Berlage Institute Amsterdam
1999	Founded CLR architectes with Damien Chevalley and Gilbert Russbach
2001–	Various architectural competition juries (including Europan 6 and Europan 9)
2003–	Various HES-SO architectural diploma juries, expert in the Joint Master of Architecture diploma, Geneva
2004–	Member, Federation of Swiss Architects (FSA)
2005–2015	Expert member, HES-SO Master Council, Joint Master of Architecture
2017–	Member, Geneva Association of Architects (AGA)
2022–	Vice-President, Centre d'édition contemporaine (CEC), Geneva
2023–	President, Federation of Swiss Architects (FSA), Geneva section

VÉRONIQUE ITEN

1981	Born in Geneva
2005	Diploma in Architecture Haute école spécialisée de Suisse occidentale (HES-SO), Geneva
2006–2007	Employee, Pascale Lorenz architecture office, Geneva
2007–2015	Employee, Christian Dupraz architecture office, Geneva
2016–	Employee, CLR architectes
2020–	Employee, CLR architectes
	Various Architecture Bachelor juries (HES-SO), Geneva

SANTIAGO WEIDELI

1970	Born in Geneva
1997	Diploma in Architecture, University of Geneva School of Architecture (EAUG)
1998–2001	Employee, Anderegg & Rinaldi, Geneva
2001–2005	Employee, AUA Lorenzo Lotti, Geneva
2005–	Employee, CLR architectes
2020–	Partner, CLR architectes

EMPLOYEES

Current	Sandra Briner, Sébastien Burcher, Cajatan Capeder, Ganesha Desarzens, Alyssia Dorenbos, Maxime Gaillard, Marc Glaus, Laurent Meylan, Hanh Nguyen, Fabien Peter, Vincent Robert-Charrue, Rémi Soulard
Former	Matthias Aebersold, Julie Allémann, Nina Alves, Alix Anderegg, Florian Anichini, Danilo Antonijevic, Anjéla Aubert, Carole Caner, Filipa Carvalho, Pascale Durgnat, Benjamin Guyot, Marc Haller, Jürg Hodel, Jennifer Howald, Lorraine Knoerle, Andrea Lombardo, Alicia Lonca, Nadège Manuard, David Meier, Kevin Primat, Guillaume Roy, Tilman Schoettler, Johan Sunier, Kristina Sylla, Marie Torrione, Enrico Venuda, Antonella Vitali
Former partner	Gilbert Russbach (from 1999 to 2019)

Reise CLR 2016, Helsinki
CLR trip 2016, Helsinki

Reise CLR 2024, Saint-Maurice
CLR trip 2024, Saint-Maurice

BIBLIOGRAPHY

1995	Patrick Longchamp: "Ambiguïtés bienvenues". In: *Archimade*, No. 50, p. 36–37
1996	Patrick Longchamp: "Welcome ambiguities". In: *The Berlage cahiers 4, Reflexivity*, p. 122–123
	Patrick Longchamp and Jacques Pena: "Pour plus de matière entre technique et confort". In: *Revue technique suisse*, No. 3, p. 14–15
2001	Patrick Longchamp, exhibition curator, preface to the exhibition *Nouvelle architecture suisse romande?*
2004	G. Russbach: "Villa à Nyon par Andrea Bassi architecte". In: *FACES Journal d'architecture*, No. 54, p. 54–55
	A. Bassi: "Salle omnisports au Petit-Lancy par CLR architects". In: *FACES Journal d'architecture*, No. 54, p. 60–61
2012	"Nouvelle peau pour l'UNICEF". In: *Tribune de Genève and 24H Immobilier*, February 14, p. 4
	13, monograph CLR architectes 1999–2012, Geneva
	"Des tours de 15 étages: le futur visage de la Praille". In: *Tribune de Genève*, April 20, p. 1, 3
	"Le secteur PAV dévoile ses premières tours". In: *Le Temps*, April 21
2016	"Un Tetris architectural à Onex". In: *Tribune de Genève*, August 20–21, p. 8
2018	"Une école pavillonnaire au cœur du quartier de la Chapelle-les-Sciers". In: *Tribune de Genève*, January 27
	"Le nouveau Renard will be able to accommodate 900 pupils". In: *Tribune de Genève*, April 19, p. 8
	Tours de Lancy Jean-Marc Lamunière, Patrick Longchamp, *Ensembles urbains 15*, FSA Geneva
2020	Patrick Longchamp: "Sensibilités urbaines". In: *Interface*, No. 32, p. 20–23
2021	Patrick Longchamp: "Les espaces de transition". In: *Ensembles d'écrits*, No. 1, p. 58–69
2022	Rinny Gremaud: "La cité des enfants soignés". In: *T, Le Magazine du Temps*, November 5, p. 40–43
	Bruno Marchand: *PRELCO. L'art de la préfabrication*, Gollion
2024	Nathan Benarroch: "Comme à la maison". In: *Tracés*, No. 3546, p. 39–43

RAFAEL GOMEZ-MORIANA (ARTICLE)

Architect, educator and critic, he studied Architecture at the University of Waterloo (Canada) and the Berlage Institute Amsterdam (NL). He directs the Barcelona programme of the School of Architecture, Planning and Landscape of the University of Calgary and is a contributor to periodicals such as *The Architectural Review*, *Bauwelt* and *Detail*.

FINANZIELLE UND IDEELLE UNTERSTÜTZUNG

Ein besonderer Dank gilt den Institutionen und Sponsorfirmen, deren finanzielle Unterstützungen wesentlich zum Entstehen dieser Buchreihe beitragen. Ihr kulturelles Engagement ermöglicht ein fruchtbares und freundschaftliches Zusammenwirken von Baukultur und Bauwirtschaft.

FINANCIAL AND CONCEPTUAL SUPPORT

Special thanks to our sponsors and institutions whose financial support has helped us so much with the production of this series of books. Their cultural commitment is a valuable contribution to fruitful and cordial collaboration between the culture and economics of architecture.

AAB SA, Carouge

ab ingénieurs sa, Thônex

André SA, Yens-sur-Morges

Belloni SA, Carouge

DESAX SA, Ecublens

EDMS SA, Petit-Lancy

EVM Menuiserie, Meyrin

Haller Wasser + partner SA, Carouge

LAMI SA, Martigny

PRELCO SA, Satigny

Schneider Sanitaires SA, Carouge

Sogemat SA, Genève

CLR architectes
110. Band der Reihe *De aedibus*
Herausgegeben von: Heinz Wirz, Luzern
Konzept: Heinz Wirz; CLR architectes, Genf
Projektleitung: Quart Verlag, Linus Wirz
Textbeitrag: Rafael Gomez-Moriana, Barcelona
Objekttexte: CLR architectes
Textlektorat deutsch: Beate Ummenhofer, language service, Wien
Textlektorat englisch: Benjamin Liebelt, Berlin
Textlektorat französisch: Yves Minssart, Tours
Übersetzung ins Deutsche: Joanna Zajac-Heinken, Köln
Übersetzung ins Englische: Beate Ummenhofer, language service, Wien
Übersetzung ins Französische: Beate Ummenhofer, language service, Wien (Textbeitrag Rafael Gomez-Moriana)
Fotos: Jean-Michel Landecy, S. 11 (oben), 13, 16, 72 (Nr. 1); Michel Bonvin, S. 8 (oben und unten), 11 (unten), 12, 14–15, 18, 19, 20, 21, 22–23, 24, 26, 27, 28, 30–31, 32, 33, 34, 38, 40, 41 (unten), 52, 53, 54, 72 (Nr. 3, 4, 5), 73; Kathelijne Reijse Saillet, S. 9 (oben), 11 (Mitte), 29, 37, 43, 44, 47, 48, 50, 62; Serge Fruehauf, S. 9 (unten), 56, 57, 58, 59, 60; Patrick Longchamp (CLR architectes), S. 8 (Mitte), 36, 41 (oben), 42, 46, 74 (oben); Nicolas Schopfer, S. 76 (unten)
Computergrafiken: Archigraphie, Philippe Cointault, S. 64, 66, 68, 70, 74 (Nr. 2, 3, 4), 75 (Nr. 1, 3, 4, 5)
Redesign: BKVK, Basel – Beat Keusch, Angelina Köpplin-Stützle
Grafische Umsetzung: Quart Verlag Luzern
Lithos: Rica Egger, Printeria, Luzern
Druck: Printer Trento S.R.L., Trient

Der Quart Verlag wird vom Bundesamt für Kultur für die Jahre 2021–2024 unterstützt.

ISBN 978-3-03761-321-4

Dieses Buch ist auch auf französisch/englisch erschienen: ISBN 978-3-03761-332-0

CLR architectes
Volume 110 of the series *De aedibus*
Edited by: Heinz Wirz, Lucerne
Concept: Heinz Wirz; CLR architectes, Geneva
Project management: Quart Verlag, Linus Wirz
Article by: Rafael Gomez-Moriana, Barcelona
Project descriptions: CLR architectes
German text editing: Beate Ummenhofer, language service, Vienna
English text editing: Benjamin Liebelt, Berlin
French text editing: Yves Minssart, Tours
German translation: Joanna Zajac-Heinken, Cologne
English translation: Beate Ummenhofer, language service, Vienna
French translation: Beate Ummenhofer, language service, Vienna (Rafael Gomez-Moriana article)
Photos: Jean-Michel Landecy, p. 11 (top), 13, 16, 72 (No. 1); Michel Bonvin, p. 8 (top und bottom), 11 (bottom), 12, 14–15, 18, 19, 20, 21, 22–23, 24, 26, 27, 28, 30–31, 32, 33, 34, 38, 40, 41 (bottom), 52, 53, 54, 72 (Nos. 3, 4, 5), 73; Kathelijne Reijse Saillet, p. 9 (top), 11 (centre), 29, 37, 43, 44, 47, 48, 50, 62; Serge Fruehauf, p. 9 (bottom), 56, 57, 58, 59, 60; Patrick Longchamp (CLR architectes), p. 8 (centre), 36, 41 (top), 42, 46, 74 (top); Nicolas Schopfer, p. 76 (bottom)
Computer graphics: Archigraphie, Philippe Cointault, p. 64, 66, 68, 70, 74 (Nos. 2, 3, 4), 75 (Nos. 1, 3, 4, 5)
Redesign: BKVK, Basel – Beat Keusch, Angelina Köpplin-Stützle
Graphic design: Quart Verlag Luzern
Lithos: Rica Egger, Printeria, Lucerne
Printing: Printer Trento S.R.L., Trento

Quart Publishers is being supported by the Federal Office of Culture for the years 2021–2024.

ISBN 978-3-03761-321-4

Also published in French/English:
ISBN 978-3-03761-332-0

Quart Verlag GmbH
Denkmalstrasse 2, CH-6006 Luzern
books@quart.ch, www.quart.ch

De aedibus
Zeitgenössische Architekturschaffende und ihre Bauten

De aedibus
Contemporary architects and their buildings

110 CLR architectes (de/en, fr/en)
109 Brandenberger Kloter (de/en)
108 Menzi Bürgler Kuithan (de/en)
107 Frei Architekten (de/en)
106 Darlington Meier (de/en)
105 Sollberger Bögli (de/en)
104 Gus Wüstemann (de/en)
103 frey architectes (de/en)
102 Masswerk Architekten (de/en)
101 Giorgis Rodriguez (de/en, es/fr)
100 Carlos Martinez (de/en)
99 Stocker Lee (de/en, it)
98 Roman Hutter (de/en)
97 Bachelard Wagner (de/en, fr)
96 Alain Wolff architectes (de/en, fr)
95 Horisberger Wagen (de/en)
94 Pont12 (de/en, fr)
93 Christian Dupraz (de/en, fr)
92 group8 (de/en, fr/en)
91 MPH (de/en, fr/en)
90 Spillmann Echsle (de/en)
89 Andy Senn (de/en)
88 Architetti Tibiletti Associati (de/en)
87 Zach + Zünd (de/en)
86 Kistler Vogt (de/en)
85 Sylla Widmann (de/en, fr/en)
84 Aebi & Vincent Architekten (de/en)
83 Baumberger & Stegmeier (de/en)
82 L-architectes (de/en, de/fr)
81 Frei Rezakhanlou (de/en)
80 weberbrunner (de/en)
79 Meyer Piattini (de/en)
78 meier + associés architectes (de/en, de/fr)
77 Lin Robbe Seiler (de/en, de/fr)
76 Meier Leder (de/en)
75 Butikofer de Oliveira Vernay (de/en)
74 Elisabeth & Martin Boesch (de/en)
73 spaceshop Architekten (de/en)
72 Kast Kaeppeli (de/en)
71 Philippe Meyer (de/en, fr)
70 bartbuchhofer (de/en)
69 Hauenstein La Roche Schedler (de/en)
68 Graeme Mann & Patricia Capua Mann (de/en)
67 Esposito Javet (de/en, de/fr)
66 Galletti Matter (de/en, de/fr)
65 Fruehauf, Henry & Viladoms (de/en)
64 Jakob Steib (de/en)
63 bunq (de/en)
62 Jean-Paul Jaccaud (de/en, de/fr)
61 huggenbergerfries (de/en)
60 Berrel Berrel Kräutler (de/en)
59 Pierre-Alain Dupraz (de/en, de/fr)
58 Cometti Truffer (de/en)
57 Joos & Mathys (de/en)
56 Lacroix Chessex (de/en)
55 Savioz Fabrizzi (de/en, de/fr)
54 Boegli Kramp (de/en)
53 Zita Cotti (de/en)
52 Oestreich + Schmid (de/en)
51 Stump & Schibli Architekten (de/en)
50 Luca Gazzaniga (de/en)
49 Guignard & Saner (de/en)
48 Morger + Dettli (de/en)
47 Charles Pictet (de/en)
46 Armando Ruinelli + Partner (de/en/it)
45 Luca Selva Architekten (de/en)
44 Luca Deon (de/en)
43 2b (de/en)
42 Durisch + Nolli (de/en)
41 sabarchitekten (de/en)
40 Beat Rothen (de/en)
39 Atelier Bonnet (de/en)
38 Novaron (de/en)
37 Althammer Hochuli (de/en)
36 Schneider & Schneider (de/en)
35 Frei & Ehrensperger (de, en)
34 Liechti Graf Zumsteg (de/en)
33 Adrian Streich (de/en)
32 Daniele Marques (de/en)
31 Neff Neumann (de/en)
30 Giraudi Wettstein (de/en)
29 Steinmann & Schmid (de/en)
28 Matthias Ackermann (de/en)
27 Aeby & Perneger (de/en)
26 Bakker & Blanc (de/en)
25 Markus Wespi Jérôme de Meuron (de/en)
24 Bauart (de/en, de/fr)
23 Knapkiewicz & Fickert (de/en)
22 Marcel Ferrier (de/en)
21 Wild Bär Architekten (de/en)
20 Enzmann + Fischer (de/en)
19 Mierta und Kurt Lazzarini (de/en)
18 Rolf Mühlethaler (de/en)
17 Pablo Horváth (de/en)
16 Brauen + Wälchli (de/en)
15 E2A Eckert Eckert Architekten (de/en)
14 Lussi + Halter (de/en)
13 Philipp Brühwiler (de/en)
12 Scheitlin – Syfrig + Partner (de/en)
11 Vittorio Magnago Lampugnani (de/en)
10 Bonnard Woeffray (de/en, de/fr)
9 Graber Pulver (de/en)
8 Burkhalter Sumi / Makiol Wiederkehr (de/en)
7 Gigon/Guyer (de, en)
6 Andrea Bassi (de, fr, en)
5 Dieter Jüngling und Andreas Hagmann (de, en)
4 Beat Consoni (de, en)
3 Max Bosshard & Christoph Luchsinger (de)
2 Miroslav Šik (de, en, it)
1 Valentin Bearth & Andrea Deplazes (de, en, it)

books@quart.ch, www.quart.ch